VOCABULARIO ALBANÉS
palabras más usadas

Los vocabularios de T&P Books buscan ayudar al aprendiz a aprender, memorizar y repasar palabras de idiomas extranjeros. Los vocabularios contienen más de 3000 palabras comúnmente usadas y organizadas de manera temática.

- El vocabulario contiene las palabras corrientes más usadas.
- Se recomienda como ayuda adicional a cualquier curso de idiomas.
- Capta las necesidades de aprendices de nivel principiante y avanzado.
- Es conveniente para uso cotidiano, prácticas de revisión y actividades de auto-evaluación.
- Facilita la evaluación del vocabulario.

Aspectos claves del vocabulario

- Las palabras se organizan según el significado, no según el orden alfabético.
- Las palabras se presentan en tres columnas para facilitar los procesos de repaso y auto-evaluación.
- Los grupos de palabras se dividen en pequeñas secciones para facilitar el proceso de aprendizaje.
- El vocabulario ofrece una transcripción sencilla y conveniente de cada palabra extranjera.

El vocabulario contiene 101 temas que incluyen lo siguiente:

Conceptos básicos, números, colores, meses, estaciones, unidades de medidas, ropa y accesorios, comida y nutrición, restaurantes, familia nuclear, familia extendida, características de personalidad, sentimientos, emociones, enfermedades, la ciudad y el pueblo, exploración del paisaje, compras, finanzas, la casa, el hogar, la oficina, el trabajo en oficina, importación y exportación, promociones, búsqueda de trabajo, deportes, educación, computación, la red, herramientas, la naturaleza, los países, las nacionalidades y más ...

TABLA DE CONTENIDO

GUÍA DE PRONUNCIACIÓN

T&P alfabeto fonético	Ejemplo albanés	Ejemplo español
[a]	flas [flas]	radio
[e], [ɛ]	melodi [mɛlodí]	princesa
[ə]	kërkoj [kərkój]	llave
[i]	pikë [píkə]	ilegal
[o]	motor [motór]	bordado
[u]	fuqi [fucí]	mundo
[y]	myshk [myʃk]	pluma
[b]	brakë [brákə]	en barco
[c]	oqean [ocɛán]	porche
[d]	adoptoj [adoptój]	desierto
[dz]	lexoj [lɛdzój]	inglés kids
[dʒ]	xham [dʒam]	jazz
[ð]	dhomë [ðómə]	alud
[f]	i fortë [i fórtə]	golf
[g]	bullgari [buɫgarí]	jugada
[h]	jaht [jáht]	registro
[j]	hyrje [hýrjɛ]	asiento
[ɟ]	zgjedh [zɟɛð]	guía
[k]	korik [korík]	charco
[l]	lëviz [ləvíz]	lira
[ɫ]	shkallë [ʃkáɫə]	hablar
[m]	medalje [mɛdáljɛ]	nombre
[n]	klan [klan]	número
[ɲ]	spanjoll [spaɲóɫ]	leña
[ŋ]	trung [truŋ]	rincón
[p]	polici [politsí]	precio
[r]	i erët [i érət]	era, alfombra
[ɾ]	groshë [gróʃə]	pero
[s]	spital [spitál]	salva
[ʃ]	shes [ʃɛs]	shopping
[t]	tapet [tapét]	torre
[ts]	batica [batítsa]	tsunami
[tʃ]	kaçube [katʃúbɛ]	mapache
[v]	javor [javór]	travieso
[z]	horizont [horizónt]	desde
[ʒ]	kuzhinë [kuʒínə]	adyacente
[θ]	përkthej [pərkθéj]	pinzas

ABREVIATURAS
usadas en el vocabulario

Abreviatura en español

adj	-	adjetivo
adv	-	adverbio
anim.	-	animado
conj	-	conjunción
etc.	-	etcétera
f	-	sustantivo femenino
f pl	-	femenino plural
fam.	-	uso familiar
fem.	-	femenino
form.	-	uso formal
inanim.	-	inanimado
innum.	-	innumerable
m	-	sustantivo masculino
m pl	-	masculino plural
m, f	-	masculino, femenino
masc.	-	masculino
mat	-	matemáticas
mil.	-	militar
num.	-	numerable
p.ej.	-	por ejemplo
pl	-	plural
pron	-	pronombre
sg	-	singular
v aux	-	verbo auxiliar
vi	-	verbo intransitivo
vi, vt	-	verbo intransitivo, verbo transitivo
vr	-	verbo reflexivo
vt	-	verbo transitivo

Abreviatura en albanés

f	-	sustantivo femenino
m	-	sustantivo masculino
pl	-	plural

CONCEPTOS BÁSICOS

1. Los pronombres

yo	Unë, mua	[unə], [múa]
tú	ti, ty	[ti], [ty]
él	ai	[aʃ]
ella	ajo	[ajó]
ello	ai	[aʃ]
nosotros, -as	ne	[nɛ]
vosotros, -as	ju	[ju]
ellos	ata	[atá]
ellas	ato	[ató]

2. Saludos. Salutaciones

¡Hola! (fam.)	Përshëndetje!	[pərʃəndétjɛ!]
¡Hola! (form.)	Përshëndetje!	[pərʃəndétjɛ!]
¡Buenos días!	Mirëmëngjes!	[mirəmənɟés!]
¡Buenas tardes!	Mirëdita!	[mirədíta!]
¡Buenas noches!	Mirëmbrëma!	[mirəmbréma!]
decir hola	përshëndes	[pərʃəndés]
¡Hola! (a un amigo)	Ç'kemi!	[tʃˈkémi!]
saludo (m)	përshëndetje (f)	[pərʃəndétjɛ]
saludar (vt)	përshëndes	[pərʃəndés]
¿Cómo estáis?	Si jeni?	[si jéni?]
¿Cómo estás?	Si je?	[si jɛ?]
¿Qué hay de nuevo?	Çfarë ka të re?	[tʃfárə ká tə ré?]
¡Hasta la vista! (form.)	Mirupafshim!	[mirupáfʃim!]
¡Hasta la vista! (fam.)	U pafshim!	[u páfʃim!]
¡Hasta pronto!	Shihemi së shpejti!	[ʃíhɛmi sə ʃpéjti!]
¡Adiós!	Lamtumirë!	[lamtumírə!]
despedirse (vr)	përshëndetem	[pərʃəndétɛm]
¡Hasta luego!	Tungjatjeta!	[tunɟatjéta!]
¡Gracias!	Faleminderit!	[falɛmindérit!]
¡Muchas gracias!	Faleminderit shumë!	[falɛmindérit ʃúmə!]
De nada	Të lutem	[tə lútɛm]
No hay de qué	Asgjë!	[asɟé!]
De nada	Asgjë	[asɟé]
¡Disculpa!	Më fal!	[mə fal!]
¡Disculpe!	Më falni!	[mə fálni!]

disculpar (vt)	fal	[fal]
disculparse (vr)	kërkoj falje	[kərkój fáljɛ]
Mis disculpas	Kërkoj ndjesë	[kərkój ndjésə]
¡Perdóneme!	Më vjen keq!	[mə vjɛn kɛc!]
perdonar (vt)	fal	[fal]
¡No pasa nada!	S'ka gjë!	[s'ka ɟə!]
por favor	të lutem	[tə lútɛm]

¡No se le olvide!	Mos harro!	[mos haró!]
¡Ciertamente!	Sigurisht!	[siguríʃt!]
¡Claro que no!	Sigurisht që jo!	[siguríʃt cə jo!]
¡De acuerdo!	Në rregull!	[nə réguɫ!]
¡Basta!	Mjafton!	[mjaftón!]

3. Las preguntas

¿Quién?	Kush?	[kuʃ?]
¿Qué?	Çka?	[tʃká?]
¿Dónde?	Ku?	[ku?]
¿Adónde?	Për ku?	[pər ku?]
¿De dónde?	Nga ku?	[ŋa ku?]
¿Cuándo?	Kur?	[kur?]
¿Para qué?	Pse?	[psɛ?]
¿Por qué?	Pse?	[psɛ?]

¿Por qué razón?	Për çfarë arsye?	[pər tʃfárə arsýɛ?]
¿Cómo?	Si?	[si?]
¿Qué ...? (~ color)	Çfarë?	[tʃfárə?]
¿Cuál?	Cili?	[tsíli?]

¿A quién?	Kujt?	[kújt?]
¿De quién? (~ hablan ...)	Për kë?	[pər kə?]
¿De qué?	Për çfarë?	[pər tʃfárə?]
¿Con quién?	Me kë?	[mɛ kə?]

¿Cuánto?	Sa?	[sa?]
¿De quién?	Të kujt?	[tə kujt?]

4. Las preposiciones

con ... (~ algn)	me	[mɛ]
sin ... (~ azúcar)	pa	[pa]
a ... (p.ej. voy a México)	për në	[pər nə]
de ... (hablar ~)	për	[pər]
antes de ...	përpara	[pərpára]
delante de ...	para ...	[pára ...]

debajo de ...	nën	[nən]
sobre ..., encima de ...	mbi	[mbí]
en, sobre (~ la mesa)	mbi	[mbí]
de (origen)	nga	[ŋa]
de (fabricado de)	nga	[ŋa]

| dentro de ... | për | [pər] |
| encima de ... | sipër | [sípər] |

5. Las palabras útiles. Los adverbios. Unidad 1

¿Dónde?	Ku?	[ku?]
aquí (adv)	këtu	[kətú]
allí (adv)	atje	[atjé]

| en alguna parte | diku | [dikú] |
| en ninguna parte | askund | [askúnd] |

| junto a ... | afër | [áfər] |
| junto a la ventana | tek dritarja | [tɛk dritárja] |

¿A dónde?	Për ku?	[pər ku?]
aquí (venga ~)	këtu	[kətú]
allí (vendré ~)	atje	[atjé]
de aquí (adv)	nga këtu	[ŋa kətú]
de allí (adv)	nga atje	[ŋa atjɛ]

| cerca (no lejos) | pranë | [pránə] |
| lejos (adv) | larg | [larg] |

cerca de ...	afër	[áfər]
al lado (de ...)	pranë	[pránə]
no lejos (adv)	jo larg	[jo lárg]

izquierdo (adj)	majtë	[májtə]
a la izquierda (situado ~)	majtas	[májtas]
a la izquierda (girar ~)	në të majtë	[nə tə májtə]

derecho (adj)	djathtë	[djáθtə]
a la derecha (situado ~)	djathtas	[djáθtas]
a la derecha (girar)	në të djathtë	[nə tə djáθtə]

delante (yo voy ~)	përballë	[pərbáɫə]
delantero (adj)	i përparmë	[i pərpármə]
adelante (movimiento)	përpara	[pərpára]

detrás de ...	prapa	[prápa]
desde atrás	nga prapa	[ŋa prápa]
atrás (da un paso ~)	pas	[pas]

centro (m), medio (m)	mes (m)	[mɛs]
en medio (adv)	në mes	[nə mɛs]
de lado (adv)	në anë	[nə anə]
en todas partes	kudo	[kúdo]
alrededor (adv)	përreth	[pəréθ]

de dentro (adv)	nga brenda	[ŋa brénda]
a alguna parte	diku	[dikú]
todo derecho (adv)	drejt	[dréjt]
atrás (muévelo para ~)	pas	[pas]

| de alguna parte (adv) | nga kudo | [ŋa kúdo] |
| no se sabe de dónde | nga diku | [ŋa dikú] |

primero (adv)	së pari	[sə pári]
segundo (adv)	së dyti	[sə dýti]
tercero (adv)	së treti	[sə tréti]

de súbito (adv)	befas	[béfas]
al principio (adv)	në fillim	[nə fiɫím]
por primera vez	për herë të parë	[pər hérə tə párə]
mucho tiempo antes ...	shumë përpara ...	[ʃúmə pərpára ...]
de nuevo (adv)	sërish	[səríʃ]
para siempre (adv)	një herë e mirë	[ɲə hérə ɛ mírə]

jamás, nunca (adv)	kurrë	[kúrə]
de nuevo (adv)	përsëri	[pərsərí]
ahora (adv)	tani	[táni]
frecuentemente (adv)	shpesh	[ʃpɛʃ]
entonces (adv)	atëherë	[atəhérə]
urgentemente (adv)	urgjent	[urɟént]
usualmente (adv)	zakonisht	[zakoníʃt]

a propósito, ...	meqë ra fjala, ...	[mécə ra fjála, ...]
es probable	ndoshta	[ndóʃta]
probablemente (adv)	mundësisht	[mundəsíʃt]
tal vez	mbase	[mbásɛ]
además ...	përveç	[pərvétʃ]
por eso ...	ja përse ...	[ja pərsé ...]
a pesar de ...	pavarësisht se ...	[pavarəsíʃt sɛ ...]
gracias a ...	falë ...	[fálə ...]

qué (pron)	çfarë	[tʃfárə]
que (conj)	që	[cə]
algo (~ le ha pasado)	diçka	[ditʃká]
algo (~ así)	ndonji gjë	[ndoɲí ɟə]
nada (f)	asgjë	[asɟé]

quien	kush	[kuʃ]
alguien (viene ~)	dikush	[dikúʃ]
alguien (¿ha llamado ~?)	dikush	[dikúʃ]

nadie	askush	[askúʃ]
a ninguna parte	askund	[askúnd]
de nadie	i askujt	[i askújt]
de alguien	i dikujt	[i dikújt]

tan, tanto (adv)	aq	[ác]
también (~ habla francés)	gjithashtu	[ɟiθaʃtú]
también (p.ej. Yo ~)	gjithashtu	[ɟiθaʃtú]

6. Las palabras útiles. Los adverbios. Unidad 2

| ¿Por qué? | Pse? | [psɛ?] |
| no se sabe porqué | për një arsye | [pər ɲə arsýɛ] |

13

porque ...	sepse ...	[sɛpsé ...]
por cualquier razón (adv)	për ndonjë shkak	[pər ndóɲə ʃkak]
y (p.ej. uno y medio)	dhe	[ðɛ]
o (p.ej. té o café)	ose	[ósɛ]
pero (p.ej. me gusta, ~)	por	[poɾ]
para (p.ej. es para ti)	për	[pər]
demasiado (adv)	tepër	[tépər]
sólo, solamente (adv)	vetëm	[vétəm]
exactamente (adv)	pikërisht	[pikəríʃt]
unos ...,	rreth	[rɛθ]
cerca de ... (~ 10 kg)		
aproximadamente	përafërsisht	[pərafərsíʃt]
aproximado (adj)	përafërt	[pəráfərt]
casi (adv)	pothuajse	[poθúajsɛ]
resto (m)	mbetje (f)	[mbétjɛ]
el otro (adj)	tjetri	[tjétri]
otro (p.ej. el otro día)	tjetër	[tjétər]
cada (adj)	çdo	[tʃdo]
cualquier (adj)	çfarëdo	[tʃfarədó]
mucho (innum.)	shumë	[ʃúmə]
mucho (num.)	disa	[disá]
muchos (mucha gente)	shumë njerëz	[ʃúmə ɲérəz]
todos	të gjithë	[tə ɟíθə]
a cambio de ...	në vend të ...	[nə vénd tə ...]
en cambio (adv)	në shkëmbim të ...	[nə ʃkəmbím tə ...]
a mano (hecho ~)	me dorë	[mɛ dórə]
poco probable	vështirë se ...	[vəʃtírə sɛ ...]
probablemente	mundësisht	[mundəsíʃt]
a propósito (adv)	me qëllim	[mɛ cəɫím]
por accidente (adv)	aksidentalisht	[aksidɛntalíʃt]
muy (adv)	shumë	[ʃúmə]
por ejemplo (adv)	për shembull	[pər ʃémbuɫ]
entre (~ nosotros)	midis	[midís]
entre (~ otras cosas)	rreth	[rɛθ]
tanto (~ gente)	kaq shumë	[kác ʃúmə]
especialmente (adv)	veçanërisht	[vɛtʃanəríʃt]

NÚMEROS. MISCELÁNEA

7. Números cardinales. Unidad 1

cero	zero	[zéro]
uno	një	[ɲə]
dos	dy	[dy]
tres	tre	[trɛ]
cuatro	katër	[kátər]

cinco	pesë	[pésə]
seis	gjashtë	[ɟáʃtə]
siete	shtatë	[ʃtátə]
ocho	tetë	[tétə]
nueve	nëntë	[nəntə]

diez	dhjetë	[ðjétə]
once	njëmbëdhjetë	[ɲəmbəðjétə]
doce	dymbëdhjetë	[dymbəðjétə]
trece	trembëdhjetë	[trɛmbəðjétə]
catorce	katërmbëdhjetë	[katərmbəðjétə]

quince	pesëmbëdhjetë	[pɛsəmbəðjétə]
dieciséis	gjashtëmbëdhjetë	[ɟaʃtəmbəðjétə]
diecisiete	shtatëmbëdhjetë	[ʃtatəmbəðjétə]
dieciocho	tetëmbëdhjetë	[tɛtəmbəðjétə]
diecinueve	nëntëmbëdhjetë	[nəntəmbəðjétə]

veinte	njëzet	[ɲəzét]
veintiuno	njëzet e një	[ɲəzét ɛ ɲə]
veintidós	njëzet e dy	[ɲəzét ɛ dy]
veintitrés	njëzet e tre	[ɲəzét ɛ trɛ]

treinta	tridhjetë	[triðjétə]
treinta y uno	tridhjetë e një	[triðjétə ɛ ɲə]
treinta y dos	tridhjetë e dy	[triðjétə ɛ dy]
treinta y tres	tridhjetë e tre	[triðjétə ɛ trɛ]

cuarenta	dyzet	[dyzét]
cuarenta y uno	dyzet e një	[dyzét ɛ ɲə]
cuarenta y dos	dyzet e dy	[dyzét ɛ dy]
cuarenta y tres	dyzet e tre	[dyzét ɛ trɛ]

cincuenta	pesëdhjetë	[pɛsəðjétə]
cincuenta y uno	pesëdhjetë e një	[pɛsəðjétə ɛ ɲə]
cincuenta y dos	pesëdhjetë e dy	[pɛsəðjétə ɛ dy]
cincuenta y tres	pesëdhjetë e tre	[pɛsəðjétə ɛ trɛ]

sesenta	gjashtëdhjetë	[ɟaʃtəðjétə]
sesenta y uno	gjashtëdhjetë e një	[ɟaʃtəðjétə ɛ ɲə]

| sesenta y dos | gjashtëdhjetë e dy | [ɟaʃtəðjétə ɛ dý] |
| sesenta y tres | gjashtëdhjetë e tre | [ɟaʃtəðjétə ɛ tré] |

setenta	shtatëdhjetë	[ʃtatəðjétə]
setenta y uno	shtatëdhjetë e një	[ʃtatəðjétə ɛ ɲə]
setenta y dos	shtatëdhjetë e dy	[ʃtatəðjétə ɛ dy]
setenta y tres	shtatëdhjetë e tre	[ʃtatəðjétə ɛ trɛ]

ochenta	tetëdhjetë	[tɛtəðjétə]
ochenta y uno	tetëdhjetë e një	[tɛtəðjétə ɛ ɲə]
ochenta y dos	tetëdhjetë e dy	[tɛtəðjétə ɛ dy]
ochenta y tres	tetëdhjetë e tre	[tɛtəðjétə ɛ trɛ]

noventa	nëntëdhjetë	[nəntəðjétə]
noventa y uno	nëntëdhjetë e një	[nəntəðjétə ɛ ɲə]
noventa y dos	nëntëdhjetë e dy	[nəntəðjétə ɛ dy]
noventa y tres	nëntëdhjetë e tre	[nəntəðjétə ɛ trɛ]

8. Números cardinales. Unidad 2

cien	njëqind	[ɲəcínd]
doscientos	dyqind	[dycínd]
trescientos	treqind	[trɛcínd]
cuatrocientos	katërqind	[katərcínd]
quinientos	pesëqind	[pɛsəcínd]

seiscientos	gjashtëqind	[ɟaʃtəcínd]
setecientos	shtatëqind	[ʃtatəcínd]
ochocientos	tetëqind	[tɛtəcínd]
novecientos	nëntëqind	[nəntəcínd]

mil	një mijë	[ɲə míjə]
dos mil	dy mijë	[dy míjə]
tres mil	tre mijë	[trɛ míjə]
diez mil	dhjetë mijë	[ðjétə míjə]
cien mil	njëqind mijë	[ɲəcínd míjə]
millón (m)	milion (m)	[milión]
mil millones	miliardë (f)	[miliárdə]

9. Números ordinales

primero (adj)	i pari	[i pári]
segundo (adj)	i dyti	[i dýti]
tercero (adj)	i treti	[i tréti]
cuarto (adj)	i katërti	[i kátərti]
quinto (adj)	i pesti	[i pésti]

sexto (adj)	i gjashti	[i ɟáʃti]
séptimo (adj)	i shtati	[i ʃtáti]
octavo (adj)	i teti	[i téti]
noveno (adj)	i nënti	[i nénti]
décimo (adj)	i dhjeti	[i ðjéti]

LOS COLORES. LAS UNIDADES DE MEDIDA

10. Los colores

color (m)	ngjyrë (f)	[nɟýrə]
matiz (m)	nuancë (f)	[nuántsə]
tono (m)	tonalitet (m)	[tonalitét]
arco (m) iris	ylber (m)	[ylbér]
blanco (adj)	e bardhë	[ɛ bárðə]
negro (adj)	e zezë	[ɛ zézə]
gris (adj)	gri	[gri]
verde (adj)	jeshile	[jɛʃílɛ]
amarillo (adj)	e verdhë	[ɛ vérðə]
rojo (adj)	e kuqe	[ɛ kúcɛ]
azul (adj)	blu	[blu]
azul claro (adj)	bojëqielli	[bojəciéɫi]
rosa (adj)	rozë	[rózə]
naranja (adj)	portokalli	[portokáɫi]
violeta (adj)	bojëvjollcë	[bojəvjóɫtsə]
marrón (adj)	kafe	[káfɛ]
dorado (adj)	e artë	[ɛ ártə]
argentado (adj)	e argjendtë	[ɛ arɟéndtə]
beige (adj)	bezhë	[béʒə]
crema (adj)	krem	[krɛm]
turquesa (adj)	e bruztë	[ɛ brúztə]
rojo cereza (adj)	qershi	[cɛrʃí]
lila (adj)	jargavan	[jargaván]
carmesí (adj)	e kuqe e thellë	[ɛ kúcɛ ɛ θéɫə]
claro (adj)	e hapur	[ɛ hápuɾ]
oscuro (adj)	e errët	[ɛ érət]
vivo (adj)	e ndritshme	[ɛ ndrítʃmɛ]
de color (lápiz ~)	e ngjyrosur	[ɛ nɟyrósuɾ]
en colores (película ~)	ngjyrë	[nɟýrə]
blanco y negro (adj)	bardhë e zi	[bárðə ɛ zi]
unicolor (adj)	njëngjyrëshe	[nənɟýrəʃɛ]
multicolor (adj)	shumëngjyrëshe	[ʃumənɟýrəʃɛ]

11. Las unidades de medida

peso (m)	peshë (f)	[péʃə]
longitud (f)	gjatësi (f)	[ɟatəsí]

anchura (f)	gjerësi (f)	[ɟɛrəsí]
altura (f)	lartësi (f)	[lartəsí]
profundidad (f)	thellësi (f)	[θɛłəsí]
volumen (m)	vëllim (m)	[vəłím]
área (f)	sipërfaqe (f)	[sipərfácɛ]

gramo (m)	gram (m)	[gram]
miligramo (m)	miligram (m)	[miligrám]
kilogramo (m)	kilogram (m)	[kilográm]
tonelada (f)	ton (m)	[ton]
libra (f)	paund (m)	[páund]
onza (f)	ons (m)	[ons]

metro (m)	metër (m)	[métər]
milímetro (m)	milimetër (m)	[milimétər]
centímetro (m)	centimetër (m)	[tsɛntimétər]
kilómetro (m)	kilometër (m)	[kilométər]
milla (f)	milje (f)	[míljɛ]

pulgada (f)	inç (m)	[intʃ]
pie (m)	këmbë (f)	[kə́mbə]
yarda (f)	jard (m)	[járd]

| metro (m) cuadrado | metër katror (m) | [métər katrór] |
| hectárea (f) | hektar (m) | [hɛktár] |

litro (m)	litër (m)	[lítər]
grado (m)	gradë (f)	[grádə]
voltio (m)	volt (m)	[volt]
amperio (m)	amper (m)	[ampér]
caballo (m) de fuerza	kuaj-fuqi (f)	[kúaj-fucí]

cantidad (f)	sasi (f)	[sasí]
un poco de ...	pak ...	[pak ...]
mitad (f)	gjysmë (f)	[ɟýsmə]
docena (f)	dyzinë (f)	[dyzínə]
pieza (f)	copë (f)	[tsópə]

| dimensión (f) | madhësi (f) | [maðəsí] |
| escala (f) (del mapa) | shkallë (f) | [ʃkáłə] |

mínimo (adj)	minimale	[minimálɛ]
el más pequeño (adj)	më i vogli	[mə i vógli]
medio (adj)	i mesëm	[i mésəm]
máximo (adj)	maksimale	[maksimálɛ]
el más grande (adj)	më i madhi	[mə i máði]

12. Contenedores

tarro (m) de vidrio	kavanoz (m)	[kavanóz]
lata (f) de hojalata	kanoçe (f)	[kanótʃɛ]
cubo (m)	kovë (f)	[kóvə]
barril (m)	fuçi (f)	[futʃí]
palangana (f)	legen (m)	[lɛgén]

tanque (m)	**tank** (m)	[tank]
petaca (f) (de alcohol)	**faqore** (f)	[facórɛ]
bidón (m) de gasolina	**bidon** (m)	[bidón]
cisterna (f)	**cisternë** (f)	[tsistérnə]
taza (f) (mug de cerámica)	**tas** (m)	[tas]
taza (f) (~ de café)	**filxhan** (m)	[fildʒán]
platillo (m)	**pjatë filxhani** (f)	[pjátə fildʒáni]
vaso (m) (~ de agua)	**gotë** (f)	[gótə]
copa (f) (~ de vino)	**gotë vere** (f)	[gótə vérɛ]
olla (f)	**tenxhere** (f)	[tɛndʒérɛ]
botella (f)	**shishe** (f)	[ʃíʃɛ]
cuello (m) de botella	**grykë**	[grýkə]
garrafa (f)	**brokë** (f)	[brókə]
jarro (m) (~ de agua)	**shtambë** (f)	[ʃtámbə]
recipiente (m)	**enë** (f)	[énə]
tarro (m)	**enë** (f)	[énə]
florero (m)	**vazo** (f)	[vázo]
frasco (m) (~ de perfume)	**shishe** (f)	[ʃíʃɛ]
frasquito (m)	**shishkë** (f)	[ʃíʃkə]
tubo (m)	**tubet** (f)	[tubét]
saco (m) (~ de azúcar)	**thes** (m)	[θɛs]
bolsa (f) (~ plástica)	**qese** (f)	[césɛ]
paquete (m) (~ de cigarrillos)	**paketë** (f)	[pakétə]
caja (f)	**kuti** (f)	[kutí]
cajón (m) (~ de madera)	**arkë** (f)	[árkə]
cesta (f)	**shportë** (f)	[ʃpórtə]

LOS VERBOS MÁS IMPORTANTES

13. Los verbos más importantes. Unidad 1

abrir (vt)	hap	[hap]
acabar, terminar (vt)	përfundoj	[pərfundój]
aconsejar (vt)	këshilloj	[kəʃiɫój]
adivinar (vt)	hamendësoj	[hamɛndəsój]
advertir (vt)	paralajmëroj	[paralajmərój]
alabarse, jactarse (vr)	mburrem	[mbúrɛm]
almorzar (vi)	ha drekë	[ha drékə]
alquilar (~ una casa)	marr me qira	[mar mɛ cirá]
amenazar (vt)	kërcënoj	[kərtsənój]
arrepentirse (vr)	pendohem	[pɛndóhɛm]
ayudar (vt)	ndihmoj	[ndihmój]
bañarse (vr)	notoj	[notój]
bromear (vi)	bëj shaka	[bəj ʃaká]
buscar (vt)	kërkoj ...	[kərkój ...]
caer (vi)	bie	[bíɛ]
callarse (vr)	hesht	[hɛʃt]
cambiar (vt)	ndryshoj	[ndryʃój]
castigar, punir (vt)	ndëshkoj	[ndəʃkój]
cavar (vt)	gërmoj	[gərmój]
cazar (vi, vt)	dal për gjah	[dál pər ɟáh]
cenar (vi)	ha darkë	[ha dárkə]
cesar (vt)	ndaloj	[ndalój]
coger (vt)	kap	[kap]
comenzar (vt)	filloj	[fiɫój]
comparar (vt)	krahasoj	[krahasój]
comprender (vt)	kuptoj	[kuptój]
confiar (vt)	besoj	[bɛsój]
confundir (vt)	ngatërroj	[ŋatərój]
conocer (~ a alguien)	njoh	[ɲóh]
contar (vt) (enumerar)	numëroj	[numərój]
contar con ...	mbështetem ...	[mbəʃtétɛm ...]
continuar (vt)	vazhdoj	[vaʒdój]
controlar (vt)	kontrolloj	[kontroɫój]
correr (vi)	vrapoj	[vrapój]
costar (vt)	kushton	[kuʃtón]
crear (vt)	krijoj	[krijój]

14. Los verbos más importantes. Unidad 2

dar (vt)	jap	[jap]
dar una pista	aludoj	[aludój]

| decir (vt) | them | [θɛm] |
| decorar (para la fiesta) | zbukuroj | [zbukurój] |

defender (vt)	mbroj	[mbrój]
dejar caer	lëshoj	[ləʃój]
desayunar (vi)	ha mëngjes	[ha mənɟés]
descender (vi)	zbres	[zbrɛs]

dirigir (administrar)	drejtoj	[drɛjtój]
disculpar (vt)	fal	[fal]
disculparse (vr)	kërkoj falje	[kərkój fáljɛ]
discutir (vt)	diskutoj	[diskutój]
dudar (vt)	dyshoj	[dyʃój]

encontrar (hallar)	gjej	[ɟéj]
engañar (vi, vt)	mashtroj	[maʃtrój]
entrar (vi)	hyj	[hyj]
enviar (vt)	dërgoj	[dərgój]

equivocarse (vr)	gaboj	[gabój]
escoger (vt)	zgjedh	[zɟɛð]
esconder (vt)	fsheh	[fʃéh]
escribir (vt)	shkruaj	[ʃkrúaj]
esperar (aguardar)	pres	[prɛs]
esperar (tener esperanza)	shpresoj	[ʃprɛsój]
estar de acuerdo	bie dakord	[bíɛ dakórd]
estudiar (vt)	studioj	[studiój]

exigir (vt)	kërkoj	[kərkój]
existir (vi)	ekzistoj	[ɛkzistój]
explicar (vt)	shpjegoj	[ʃpjɛgój]
faltar (a las clases)	humbas	[humbás]
firmar (~ el contrato)	nënshkruaj	[nənʃkrúaj]

girar (~ a la izquierda)	kthej	[kθɛj]
gritar (vi)	bërtas	[bərtás]
guardar (conservar)	mbaj	[mbáj]
gustar (vi)	pëlqej	[pəlcéj]
hablar (vi, vt)	flas	[flas]

hacer (vt)	bëj	[bəj]
informar (vt)	informoj	[infoʳmój]
insistir (vi)	këmbëngul	[kəmbəɲúl]
insultar (vt)	fyej	[fýɛj]

interesarse (vr)	interesohem ...	[intɛɾɛsóhɛm ...]
invitar (vt)	ftoj	[ftoj]
ir (a pie)	ec në këmbë	[ɛts nə kémbə]
jugar (divertirse)	luaj	[lúaj]

15. Los verbos más importantes. Unidad 3

| leer (vi, vt) | lexoj | [lɛdzój] |
| liberar (ciudad, etc.) | çliroj | [tʃlirój] |

llamar (por ayuda)	thërras	[θərás]
llegar (vi)	arrij	[aríj]
llorar (vi)	qaj	[caj]

matar (vt)	vras	[vras]
mencionar (vt)	përmend	[pərménd]
mostrar (vt)	tregoj	[trɛgój]
nadar (vi)	notoj	[notój]

negarse (vr)	refuzoj	[rɛfuzój]
objetar (vt)	kundërshtoj	[kundərʃtój]
observar (vt)	vëzhgoj	[vəʒgój]
oír (vt)	dëgjoj	[dəɟój]

olvidar (vt)	harroj	[harój]
orar (vi)	lutem	[lútɛm]
ordenar (mil.)	urdhëroj	[urðərój]
pagar (vi, vt)	paguaj	[pagúaj]
pararse (vr)	ndaloj	[ndalój]

participar (vi)	marr pjesë	[mar pjésə]
pedir (ayuda, etc.)	pyes	[pýɛs]
pedir (en restaurante)	porosis	[porosís]
pensar (vi, vt)	mendoj	[mɛndój]

percibir (ver)	vërej	[vəréj]
perdonar (vt)	fal	[fal]
permitir (vt)	lejoj	[lɛjój]
pertenecer a ...	përkas ...	[pərkás ...]

planear (vt)	planifikoj	[planifikój]
poder (v aux)	mund	[mund]
poseer (vt)	zotëroj	[zotərój]
preferir (vt)	preferoj	[prɛfɛrój]
preguntar (vt)	pyes	[pýɛs]

preparar (la cena)	gatuaj	[gatúaj]
prever (vt)	parashikoj	[paraʃikój]
probar, tentar (vt)	përpiqem	[pərpícɛm]
prometer (vt)	premtoj	[prɛmtój]
pronunciar (vt)	shqiptoj	[ʃciptój]

proponer (vt)	propozoj	[propozój]
quebrar (vt)	ndahem	[ndáhɛm]
quejarse (vr)	ankohem	[ankóhɛm]
querer (amar)	dashuroj	[daʃurój]
querer (desear)	dëshiroj	[dəʃirój]

16. Los verbos más importantes. Unidad 4

recomendar (vt)	rekomandoj	[rɛkomandój]
regañar, reprender (vt)	qortoj	[cortój]
reírse (vr)	qesh	[cɛʃ]
repetir (vt)	përsëris	[pərsərís]

| reservar (~ una mesa) | rezervoj | [rɛzɛrvój] |
| responder (vi, vt) | përgjigjem | [pərɟíɟɛm] |

robar (vt)	vjedh	[vjɛð]
saber (~ algo mas)	di	[di]
salir (vi)	dal	[dal]
salvar (vt)	shpëtoj	[ʃpətój]
seguir ...	ndjek ...	[ndjék ...]
sentarse (vr)	ulem	[úlɛm]

ser necesario	nevojitet	[nɛvojítɛt]
ser, estar (vi)	jam	[jam]
significar (vt)	nënkuptoj	[nənkuptój]
sonreír (vi)	buzëqesh	[buzəcéʃ]
sorprenderse (vr)	çuditem	[tʃudítɛm]

subestimar (vt)	nënvlerësoj	[nənvlɛrəsój]
tener (vt)	kam	[kam]
tener hambre	kam uri	[kam urí]
tener miedo	kam frikë	[kam fríkə]

tener prisa	nxitoj	[ndzitój]
tener sed	kam etje	[kam étjɛ]
tirar, disparar (vi)	qëlloj	[cəɫój]
tocar (con las manos)	prek	[prɛk]
tomar (vt)	marr	[mar]
tomar nota	mbaj shënim	[mbáj ʃəním]

trabajar (vi)	punoj	[punój]
traducir (vt)	përkthej	[pərkθéj]
unir (vt)	bashkoj	[baʃkój]
vender (vt)	shes	[ʃɛs]
ver (vt)	shikoj	[ʃikój]
volar (pájaro, avión)	fluturoj	[fluturój]

LA HORA. EL CALENDARIO

17. Los días de la semana

lunes (m)	E hënë (f)	[ɛ hénə]
martes (m)	E martë (f)	[ɛ mártə]
miércoles (m)	E mërkurë (f)	[ɛ mərkúrə]
jueves (m)	E enjte (f)	[ɛ éɲtɛ]
viernes (m)	E premte (f)	[ɛ prémtɛ]
sábado (m)	E shtunë (f)	[ɛ ʃtúnə]
domingo (m)	E dielë (f)	[ɛ díɛlə]
hoy (adv)	sot	[sot]
mañana (adv)	nesër	[nésər]
pasado mañana	pasnesër	[pasnésər]
ayer (adv)	dje	[djé]
anteayer (adv)	pardje	[pardjé]
día (m)	ditë (f)	[dítə]
día (m) de trabajo	ditë pune (f)	[dítə púnɛ]
día (m) de fiesta	festë kombëtare (f)	[féstə kombətárɛ]
día (m) de descanso	ditë pushim (m)	[dítə puʃím]
fin (m) de semana	fundjavë (f)	[fundjávə]
todo el día	gjithë ditën	[ɟíθə dítən]
al día siguiente	ditën pasardhëse	[dítən pasárðəsɛ]
dos días atrás	dy ditë më parë	[dy dítə mə párə]
en vísperas (adv)	një ditë më parë	[ɲə dítə mə párə]
diario (adj)	ditor	[ditór]
cada día (adv)	çdo ditë	[tʃdo dítə]
semana (f)	javë (f)	[jávə]
semana (f) pasada	javën e kaluar	[jávən ɛ kalúar]
semana (f) que viene	javën e ardhshme	[jávən ɛ árðʃmɛ]
semanal (adj)	javor	[javór]
cada semana (adv)	çdo javë	[tʃdo jávə]
2 veces por semana	dy herë në javë	[dy hérə nə jávə]
todos los martes	çdo të martë	[tʃdo tə mártə]

18. Las horas. El día y la noche

mañana (f)	mëngjes (m)	[mənɟés]
por la mañana	në mëngjes	[nə mənɟés]
mediodía (m)	mesditë (f)	[mɛsdítə]
por la tarde	pasdite	[pasdítɛ]
noche (f)	mbrëmje (f)	[mbrémjɛ]
por la noche	në mbrëmje	[nə mbrémjɛ]

noche (f) (p.ej. 2:00 a.m.)	natë (f)	[nátə]
por la noche	natën	[nátən]
medianoche (f)	mesnatë (f)	[mɛsnátə]

segundo (m)	sekondë (f)	[sɛkóndə]
minuto (m)	minutë (f)	[minútə]
hora (f)	orë (f)	[órə]
media hora (f)	gjysmë ore (f)	[ɟýsmə órɛ]
cuarto (m) de hora	çerek ore (m)	[tʃɛrék órɛ]
quince minutos	pesëmbëdhjetë minuta	[pɛsəmbəðjétə minúta]
veinticuatro horas	24 orë	[nəzét ɛ kátər órə]

salida (f) del sol	agim (m)	[agím]
amanecer (m)	agim (m)	[agím]
madrugada (f)	mëngjes herët (m)	[mənɟés hérət]
puesta (f) del sol	perëndim dielli (m)	[pɛrəndím diéti]

de madrugada	herët në mëngjes	[hérət nə mənɟés]
esta mañana	sot në mëngjes	[sot nə mənɟés]
mañana por la mañana	nesër në mëngjes	[nésər nə mənɟés]

esta tarde	sot pasdite	[sot pasdítɛ]
por la tarde	pasdite	[pasdítɛ]
mañana por la tarde	nesër pasdite	[nésər pasdítɛ]

| esta noche (p.ej. 8:00 p.m.) | sonte në mbrëmje | [sóntɛ nə mbrəmjɛ] |
| mañana por la noche | nesër në mbrëmje | [nésər nə mbrémjɛ] |

a las tres en punto	në orën 3 fiks	[nə órən trɛ fiks]
a eso de las cuatro	rreth orës 4	[rɛθ órəs kátər]
para las doce	deri në orën 12	[déri nə órən dymbəðjétə]

dentro de veinte minutos	për 20 minuta	[pər ɲəzét minúta]
dentro de una hora	për një orë	[pər ɲə órə]
a tiempo (adv)	në orar	[nə orár]

... menos cuarto	çerek ...	[tʃɛrék ...]
durante una hora	brenda një ore	[brénda ɲə órɛ]
cada quince minutos	çdo 15 minuta	[tʃdo pɛsəmbəðjétə minúta]
día y noche	gjithë ditën	[ɟíθə dítən]

19. Los meses. Las estaciones

enero (m)	**Janar** (m)	[janár]
febrero (m)	**Shkurt** (m)	[ʃkurt]
marzo (m)	**Mars** (m)	[mars]
abril (m)	**Prill** (m)	[prit]
mayo (m)	**Maj** (m)	[maj]
junio (m)	**Qershor** (m)	[cɛrʃór]

julio (m)	**Korrik** (m)	[korík]
agosto (m)	**Gusht** (m)	[guʃt]
septiembre (m)	**Shtator** (m)	[ʃtatór]
octubre (m)	**Tetor** (m)	[tɛtór]

noviembre (m)	**Nëntor** (m)	[nəntór]
diciembre (m)	**Dhjetor** (m)	[ðjɛtór]
primavera (f)	**pranverë** (f)	[pranvérə]
en primavera	**në pranverë**	[nə pranvérə]
de primavera (adj)	**pranveror**	[pranvɛrór]
verano (m)	**verë** (f)	[vérə]
en verano	**në verë**	[nə vérə]
de verano (adj)	**veror**	[vɛrór]
otoño (m)	**vjeshtë** (f)	[vjéʃtə]
en otoño	**në vjeshtë**	[nə vjéʃtə]
de otoño (adj)	**vjeshtor**	[vjéʃtor]
invierno (m)	**dimër** (m)	[dímər]
en invierno	**në dimër**	[nə dímər]
de invierno (adj)	**dimëror**	[dimərór]
mes (m)	**muaj** (m)	[múaj]
este mes	**këtë muaj**	[kətə múaj]
al mes siguiente	**muajin tjetër**	[múajin tjétər]
el mes pasado	**muajin e kaluar**	[múajin ɛ kalúar]
hace un mes	**para një muaji**	[pára ɲə múaji]
dentro de un mes	**pas një muaji**	[pas ɲə múaji]
dentro de dos meses	**pas dy muajsh**	[pas dy múajʃ]
todo el mes	**gjithë muajin**	[ɟíθə múajin]
todo un mes	**gjatë gjithë muajit**	[ɟátə ɟíθə múajit]
mensual (adj)	**mujor**	[mujór]
mensualmente (adv)	**mujor**	[mujór]
cada mes	**çdo muaj**	[tʃdo múaj]
dos veces por mes	**dy herë në muaj**	[dy hérə nə múaj]
año (m)	**vit** (m)	[vit]
este año	**këtë vit**	[kətə vít]
el próximo año	**vitin tjetër**	[vítin tjétər]
el año pasado	**vitin e kaluar**	[vítin ɛ kalúar]
hace un año	**para një viti**	[pára ɲə víti]
dentro de un año	**për një vit**	[pər ɲə vit]
dentro de dos años	**për dy vite**	[pər dy vítɛ]
todo el año	**gjithë vitin**	[ɟíθə vítin]
todo un año	**gjatë gjithë vitit**	[ɟátə ɟíθə vítit]
cada año	**çdo vit**	[tʃdo vít]
anual (adj)	**vjetor**	[vjɛtór]
anualmente (adv)	**çdo vit**	[tʃdo vít]
cuatro veces por año	**4 herë në vit**	[kátər hérə nə vit]
fecha (f) (la ~ de hoy es ...)	**datë** (f)	[dátə]
fecha (f) (~ de entrega)	**data** (f)	[dáta]
calendario (m)	**kalendar** (m)	[kalɛndár]
medio año (m)	**gjysmë viti**	[ɟýsmə víti]
seis meses	**gjashtë muaj**	[ɟáʃtə múaj]

estación (f)	**stinë** (f)	[stínə]
siglo (m)	**shekull** (m)	[ʃékuɫ]

EL VIAJE. EL HOTEL

20. El viaje. Viajar

turismo (m)	turizëm (m)	[turízəm]
turista (m)	turist (m)	[turíst]
viaje (m)	udhëtim (m)	[uðətím]
aventura (f)	aventurë (f)	[avɛntúrə]
viaje (m)	udhëtim (m)	[uðətím]
vacaciones (f pl)	pushim (m)	[puʃím]
estar de vacaciones	jam me pushime	[jam mɛ puʃímɛ]
descanso (m)	pushim (m)	[puʃím]
tren (m)	tren (m)	[trɛn]
en tren	me tren	[mɛ trén]
avión (m)	avion (m)	[avión]
en avión	me avion	[mɛ avión]
en coche	me makinë	[mɛ makínə]
en barco	me anije	[mɛ aníjɛ]
equipaje (m)	bagazh (m)	[bagáʒ]
maleta (f)	valixhe (f)	[valídʒɛ]
carrito (m) de equipaje	karrocë bagazhesh (f)	[karótsə bagáʒɛʃ]
pasaporte (m)	pasaportë (f)	[pasapórtə]
visado (m)	vizë (f)	[vízə]
billete (m)	biletë (f)	[bilétə]
billete (m) de avión	biletë avioni (f)	[bilétə avióni]
guía (f) (libro)	guidë turistike (f)	[guídə turistíkɛ]
mapa (m)	hartë (f)	[hártə]
área (m) (~ rural)	zonë (f)	[zónə]
lugar (m)	vend (m)	[vɛnd]
exotismo (m)	ekzotikë (f)	[ɛkzotíkə]
exótico (adj)	ekzotik	[ɛkzotík]
asombroso (adj)	mahnitëse	[mahnítəsɛ]
grupo (m)	grup (m)	[grup]
excursión (f)	ekskursion (m)	[ɛkskursión]
guía (m) (persona)	udhërrëfyes (m)	[uðərəfýɛs]

21. El hotel

hotel (m), motel (m)	hotel (m)	[hotél]
motel (m)	motel (m)	[motél]
de tres estrellas	me tre yje	[mɛ trɛ ýjɛ]

| de cinco estrellas | me pesë yje | [mɛ pésə ýjɛ] |
| hospedarse (vr) | qëndroj | [cəndrój] |

habitación (f)	dhomë (f)	[ðómə]
habitación (f) individual	dhomë teke (f)	[ðómə tékɛ]
habitación (f) doble	dhomë dyshe (f)	[ðómə dýʃɛ]
reservar una habitación	rezervoj një dhomë	[rɛzɛrvój ɲə ðómə]

| media pensión (f) | gjysmë-pension (m) | [ɟýsmə-pɛnsión] |
| pensión (f) completa | pension i plotë (m) | [pɛnsión i plótə] |

con baño	me banjo	[mɛ báɲo]
con ducha	me dush	[mɛ dúʃ]
televisión (f) satélite	televizor satelitor (m)	[tɛlɛvizór satɛlitór]
climatizador (m)	kondicioner (m)	[konditsionér]
toalla (f)	peshqir (m)	[pɛʃcír]
llave (f)	çelës (m)	[tʃéləs]

administrador (m)	administrator (m)	[administratór]
camarera (f)	pastruese (f)	[pastrúɛsɛ]
maletero (m)	portier (m)	[portiér]
portero (m)	portier (m)	[portiér]

restaurante (m)	restorant (m)	[rɛstoránt]
bar (m)	pab (m), pijetore (f)	[pab], [pijɛtórɛ]
desayuno (m)	mëngjes (m)	[mənɟés]
cena (f)	darkë (f)	[dárkə]
buffet (m) libre	bufe (f)	[bufé]

| vestíbulo (m) | holl (m) | [hoɫ] |
| ascensor (m) | ashensor (m) | [aʃɛnsór] |

| NO MOLESTAR | MOS SHQETËSONI | [mos ʃcɛtəsóni] |
| PROHIBIDO FUMAR | NDALOHET DUHANI | [ndalóhɛt duháni] |

22. La exploración del paisaje

monumento (m)	monument (m)	[monumént]
fortaleza (f)	kala (f)	[kalá]
palacio (m)	pallat (m)	[paɫát]
castillo (m)	kështjellë (f)	[kəʃtjéɫə]
torre (f)	kullë (f)	[kúɫə]
mausoleo (m)	mauzoleum (m)	[mauzolɛúm]

arquitectura (f)	arkitekturë (f)	[arkitɛktúrə]
medieval (adj)	mesjetare	[mɛsjɛtárɛ]
antiguo (adj)	e lashtë	[ɛ láʃtə]
nacional (adj)	kombëtare	[kombətárɛ]
conocido (adj)	i famshëm	[i fámʃəm]

turista (m)	turist (m)	[turíst]
guía (m) (persona)	udhërrëfyes (m)	[uðərəfýɛs]
excursión (f)	ekskursion (m)	[ɛkskursión]
mostrar (vt)	tregoj	[trɛgój]

contar (una historia)	**dëftoj**	[dəftój]
encontrar (hallar)	**gjej**	[ɟéj]
perderse (vr)	**humbas**	[humbás]
plano (m) (~ de metro)	**hartë** (f)	[hártə]
mapa (m) (~ de la ciudad)	**hartë** (f)	[hártə]

recuerdo (m)	**suvenir** (m)	[suvɛnír]
tienda (f) de regalos	**dyqan dhuratash** (m)	[dycán ðurátaʃ]
hacer fotos	**bëj foto**	[bəj fóto]
fotografiarse (vr)	**bëj fotografi**	[bəj fotografí]

EL TRANSPORTE

23. El aeropuerto

aeropuerto (m)	aeroport (m)	[aɛropórt]
avión (m)	avion (m)	[avión]
compañía (f) aérea	kompani ajrore (f)	[kompaní ajróɾɛ]
controlador (m) aéreo	kontroll i trafikut ajror (m)	[kontrół i trafíkut ajrór]
despegue (m)	nisje (f)	[nísjɛ]
llegada (f)	arritje (f)	[arítjɛ]
llegar (en avión)	arrij me avion	[aríj mɛ avión]
hora (f) de salida	nisja (f)	[nísja]
hora (f) de llegada	arritja (f)	[arítja]
retrasarse (vr)	vonesë	[vonésə]
retraso (m) de vuelo	vonesë avioni (f)	[vonésə avióni]
pantalla (f) de información	ekrani i informacioneve (m)	[ɛkráni i informatsiónɛvɛ]
información (f)	informacion (m)	[informatsión]
anunciar (vt)	njoftoj	[noftój]
vuelo (m)	fluturim (m)	[fluturím]
aduana (f)	doganë (f)	[dogánə]
aduanero (m)	doganier (m)	[doganiér]
declaración (f) de aduana	deklarim doganor (m)	[dɛklarím doganór]
rellenar (vt)	plotësoj	[plotəsój]
rellenar la declaración	plotësoj deklaratën	[plotəsój dɛklarátən]
control (m) de pasaportes	kontroll pasaportash (m)	[kontrół pasapórtaʃ]
equipaje (m)	bagazh (m)	[bagáʒ]
equipaje (m) de mano	bagazh dore (m)	[bagáʒ dórɛ]
carrito (m) de equipaje	karrocë bagazhesh (f)	[karótsə bagáʒɛʃ]
aterrizaje (m)	aterrim (m)	[atɛrím]
pista (f) de aterrizaje	pistë aterrimi (f)	[pístə atɛrími]
aterrizar (vi)	aterroj	[atɛrój]
escaleras (f pl) (de avión)	shkallë avioni (f)	[ʃkáłə avióni]
facturación (f) (check-in)	regjistrim (m)	[rɛɟistrím]
mostrador (m) de facturación	sportel regjistrimi (m)	[sportél rɛɟistrími]
hacer el check-in	regjistrohem	[rɛɟistróhɛm]
tarjeta (f) de embarque	biletë e hyrjes (f)	[bilétə ɛ hýrjɛs]
puerta (f) de embarque	porta e nisjes (f)	[pórta ɛ nísjɛs]
tránsito (m)	transit (m)	[transít]
esperar (aguardar)	pres	[prɛs]
zona (f) de preembarque	salla e nisjes (f)	[sáła ɛ nísjɛs]

| despedir (vt) | përcjell | [pərtsjéɫ] |
| despedirse (vr) | përshëndetem | [pərʃəndétɛm] |

24. El avión

avión (m)	avion (m)	[avión]
billete (m) de avión	biletë avioni (f)	[bilétə avióni]
compañía (f) aérea	kompani ajrore (f)	[kompaní ajrórɛ]
aeropuerto (m)	aeroport (m)	[aɛropórt]
supersónico (adj)	supersonik	[supɛrsoník]

comandante (m)	kapiten (m)	[kapitén]
tripulación (f)	ekip (m)	[ɛkíp]
piloto (m)	pilot (m)	[pilót]
azafata (f)	stjuardesë (f)	[stjuardésə]
navegador (m)	navigues (m)	[navigúɛs]

alas (f pl)	krahë (pl)	[kráhə]
cola (f)	bisht (m)	[biʃt]
cabina (f)	kabinë (f)	[kabínə]
motor (m)	motor (m)	[motór]
tren (m) de aterrizaje	karrel (m)	[karél]
turbina (f)	turbinë (f)	[turbínə]
hélice (f)	helikë (f)	[hɛlíkə]
caja (f) negra	kuti e zezë (f)	[kutí ɛ zézə]
timón (m)	timon (m)	[timón]
combustible (m)	karburant (m)	[karburánt]

instructivo (m) de seguridad	udhëzime sigurie (pl)	[uðəzímɛ siguríɛ]
respirador (m) de oxígeno	maskë oksigjeni (f)	[máskə oksiɟéni]
uniforme (m)	uniformë (f)	[unifórmə]
chaleco (m) salvavidas	jelek shpëtimi (m)	[jɛlék ʃpətími]
paracaídas (m)	parashutë (f)	[paraʃútə]
despegue (m)	ngritje (f)	[ŋrítjɛ]
despegar (vi)	fluturon	[fluturón]
pista (f) de despegue	pista e fluturimit (f)	[písta ɛ fluturímit]

visibilidad (f)	shikueshmëri (f)	[ʃikuɛʃmərí]
vuelo (m)	fluturim (m)	[fluturím]
altura (f)	lartësi (f)	[lartəsí]
pozo (m) de aire	xhep ajri (m)	[dʒɛp ájri]

asiento (m)	karrige (f)	[karígɛ]
auriculares (m pl)	kufje (f)	[kúfjɛ]
mesita (f) plegable	tabaka (f)	[tabaká]
ventana (f)	dritare avioni (f)	[dritárɛ avióni]
pasillo (m)	korridor (m)	[koridór]

25. El tren

| tren (m) | tren (m) | [trɛn] |
| tren (m) eléctrico | tren elektrik (m) | [trɛn ɛlɛktrík] |

tren (m) rápido	tren ekspres (m)	[trɛn ɛksprés]
locomotora (f) diésel	lokomotivë me naftë (f)	[lokomótivə mɛ náftə]
tren (m) de vapor	lokomotivë me avull (f)	[lokomótivə mɛ ávuɫ]
coche (m)	vagon (m)	[vagón]
coche (m) restaurante	vagon restorant (m)	[vagón rɛstoránt]
rieles (m pl)	shina (pl)	[ʃína]
ferrocarril (m)	hekurudhë (f)	[hɛkurúðə]
traviesa (f)	traversë (f)	[travérsə]
plataforma (f)	platformë (f)	[platfórmə]
vía (f)	binar (m)	[binár]
semáforo (m)	semafor (m)	[sɛmafór]
estación (f)	stacion (m)	[statsión]
maquinista (m)	makinist (m)	[makiníst]
maletero (m)	portier (m)	[portiér]
mozo (m) del vagón	konduktor (m)	[konduktór]
pasajero (m)	pasagjer (m)	[pasaɟér]
revisor (m)	konduktor (m)	[konduktór]
corredor (m)	korridor (m)	[koridór]
freno (m) de urgencia	frena urgjence (f)	[fréna uɾɟéntsɛ]
compartimiento (m)	ndarje (f)	[ndárjɛ]
litera (f)	kat (m)	[kat]
litera (f) de arriba	kati i sipërm (m)	[káti i sípərm]
litera (f) de abajo	kati i poshtëm (m)	[káti i póʃtəm]
ropa (f) de cama	shtroje shtrati (pl)	[ʃtrójɛ ʃtráti]
billete (m)	biletë (f)	[bilétə]
horario (m)	orar (m)	[orár]
pantalla (f) de información	tabelë e informatave (f)	[tabéla ɛ informátavɛ]
partir (vi)	niset	[nísɛt]
partida (f) (del tren)	nisje (f)	[nísjɛ]
llegar (tren)	arrij	[aríj]
llegada (f)	arritje (f)	[arítjɛ]
llegar en tren	arrij me tren	[aríj mɛ trɛn]
tomar el tren	hip në tren	[hip nə trén]
bajar del tren	zbres nga treni	[zbrɛs ŋa tréni]
descarrilamiento (m)	aksident hekurudhor (m)	[aksidént hɛkuruðór]
descarrilarse (vr)	del nga shinat	[dɛl ŋa ʃínat]
tren (m) de vapor	lokomotivë me avull (f)	[lokomótivə mɛ ávuɫ]
fogonero (m)	mbikëqyrës i zjarrit (m)	[mbikəcýrəs i zjárit]
hogar (m)	furrë (f)	[fúrə]
carbón (m)	qymyr (m)	[cymýr]

26. El barco

buque (m)	anije (f)	[aníjɛ]
navío (m)	mjet lundrues (m)	[mjét lundrúɛs]

buque (m) de vapor	anije me avull (f)	[aníjɛ mɛ ávuɫ]
motonave (m)	anije lumi (f)	[aníjɛ lúmi]
trasatlántico (m)	krocierë (f)	[krotsiérə]
crucero (m)	anije luftarake (f)	[aníjɛ luftarákɛ]

yate (m)	jaht (m)	[jáht]
remolcador (m)	anije rimorkiuese (f)	[aníjɛ rimorkiúɛsɛ]
barcaza (f)	anije transportuese (f)	[aníjɛ transportúɛsɛ]
ferry (m)	traget (m)	[tragét]

velero (m)	anije me vela (f)	[aníjɛ mɛ véla]
bergantín (m)	brigantinë (f)	[brigantínə]

rompehielos (m)	akullthyese (f)	[akuɫθýɛsɛ]
submarino (m)	nëndetëse (f)	[nəndétəsɛ]

bote (m) de remo	barkë (f)	[bárkə]
bote (m)	gomone (f)	[gomónɛ]
bote (m) salvavidas	varkë shpëtimi (f)	[várkə ʃpətími]
lancha (f) motora	skaf (m)	[skaf]

capitán (m)	kapiten (m)	[kapitén]
marinero (m)	marinar (m)	[marinár]
marino (m)	marinar (m)	[marinár]
tripulación (f)	ekip (m)	[ɛkíp]

contramaestre (m)	kryemarinar (m)	[kryɛmarinár]
grumete (m)	djali i anijes (m)	[djáli i aníjɛs]
cocinero (m) de abordo	kuzhinier (m)	[kuʒiniér]
médico (m) del buque	doktori i anijes (m)	[doktóri i aníjɛs]

cubierta (f)	kuverta (f)	[kuvérta]
mástil (m)	direk (m)	[dirék]
vela (f)	vela (f)	[véla]

bodega (f)	bagazh (m)	[bagáʒ]
proa (f)	harku sipëror (m)	[ħárku sipərór]
popa (f)	pjesa e pasme (f)	[pjésa ɛ pásmɛ]
remo (m)	rrem (m)	[rɛm]
hélice (f)	helikë (f)	[ħɛlíkə]

camarote (m)	kabinë (f)	[kabínə]
sala (f) de oficiales	zyrë e oficerëve (m)	[zýrə ɛ ofitsérəvɛ]
sala (f) de máquinas	salla e motorit (f)	[sáɫa ɛ motórit]
puente (m) de mando	urë komanduese (f)	[úrə komandúɛsɛ]
sala (f) de radio	kabina radiotelegrafike (f)	[kabína radiotɛlɛgrafíkɛ]
onda (f)	valë (f)	[válə]
cuaderno (m) de bitácora	libri i shënimeve (m)	[líbri i ʃənímɛvɛ]

anteojo (m)	dylbi (f)	[dylbí]
campana (f)	këmbanë (f)	[kəmbánə]
bandera (f)	flamur (m)	[flamúr]

cabo (m) (maroma)	pallamar (m)	[paɫamár]
nudo (m)	nyjë (f)	[nýjə]
pasamano (m)	parmakë (pl)	[parmákə]

pasarela (f)	shkallë (f)	[ʃkátə]
ancla (f)	spirancë (f)	[spirántsə]
levar ancla	ngre spirancën	[ŋré spirántsən]
echar ancla	hedh spirancën	[hɛð spirántsən]
cadena (f) del ancla	zinxhir i spirancës (m)	[zindʒír i spirántsəs]

puerto (m)	port (m)	[port]
embarcadero (m)	skelë (f)	[skélə]
amarrar (vt)	ankoroj	[ankorój]
desamarrar (vt)	niset	[nísɛt]

viaje (m)	udhëtim (m)	[uðətím]
crucero (m) (viaje)	udhëtim me krocierë (f)	[uðətím mɛ krotsiérə]
derrota (f) (rumbo)	kursi i udhëtimit (m)	[kúrsi i uðətímit]
itinerario (m)	itinerar (m)	[itinɛrár]

canal (m) navegable	ujëra të lundrueshme (f)	[újəra tə lundrúɛʃmɛ]
bajío (m)	cekëtinë (f)	[tsɛkətínə]
encallar (vi)	bllokohet në rërë	[błokóhɛt nə rərə]

tempestad (f)	stuhi (f)	[stuhí]
señal (f)	sinjal (m)	[siɲál]
hundirse (vr)	fundoset	[fundósɛt]
¡Hombre al agua!	Njeri në det!	[ɲɛrí nə dɛt!]
SOS	SOS (m)	[sos]
aro (m) salvavidas	bovë shpëtuese (f)	[bóvə ʃpətúɛsɛ]

LA CIUDAD

27. El transporte urbano

autobús (m)	autobus (m)	[autobús]
tranvía (m)	tramvaj (m)	[tramváj]
trolebús (m)	autobus tramvaj (m)	[autobús tramváj]
itinerario (m)	itinerar (m)	[itinɛrár]
número (m)	numër (m)	[númər]
ir en ...	udhëtoj me ...	[uðətój mɛ ...]
tomar (~ el autobús)	hip	[hip]
bajar (~ del tren)	zbres ...	[zbrɛs ...]
parada (f)	stacion (m)	[statsión]
próxima parada (f)	stacioni tjetër (m)	[statsióni tjétər]
parada (f) final	terminal (m)	[tɛrminál]
horario (m)	orar (m)	[orár]
esperar (aguardar)	pres	[prɛs]
billete (m)	biletë (f)	[bilétə]
precio (m) del billete	çmim bilete (m)	[tʃmím bilétɛ]
cajero (m)	shitës biletash (m)	[ʃítəs bilétaʃ]
control (m) de billetes	kontroll biletash (m)	[kontrół bilétaʃ]
cobrador (m)	kontrollues biletash (m)	[kontrołúɛs bilétaʃ]
llegar tarde (vi)	vonohem	[vonóhɛm]
perder (~ el tren)	humbas	[humbás]
tener prisa	nxitoj	[ndzitój]
taxi (m)	taksi (m)	[táksi]
taxista (m)	shofer taksie (m)	[ʃofér taksíɛ]
en taxi	me taksi	[mɛ táksi]
parada (f) de taxi	stacion taksish (m)	[statsión táksiʃ]
llamar un taxi	thërras taksi	[θərás táksi]
tomar un taxi	marr taksi	[mar táksi]
tráfico (m)	trafik (m)	[trafík]
atasco (m)	bllokim trafiku (m)	[błokím trafíku]
horas (f pl) de punta	orë e trafikut të rëndë (f)	[órə ɛ trafíkut tə rəndə]
aparcar (vi)	parkoj	[parkój]
aparcar (vt)	parkim	[parkím]
aparcamiento (m)	parking (m)	[parkíŋ]
metro (m)	metro (f)	[mɛtró]
estación (f)	stacion (m)	[statsión]
ir en el metro	shkoj me metro	[ʃkoj mɛ métro]
tren (m)	tren (m)	[trɛn]
estación (f)	stacion treni (m)	[statsión tréni]

28. La ciudad. La vida en la ciudad

ciudad (f)	qytet (m)	[cytét]
capital (f)	kryeqytet (m)	[kryɛcytét]
aldea (f)	fshat (m)	[ffját]
plano (m) de la ciudad	hartë e qytetit (f)	[hártə ɛ cytétit]
centro (m) de la ciudad	qendër e qytetit (f)	[céndər ɛ cytétit]
suburbio (m)	periferi (f)	[pɛrifɛrí]
suburbano (adj)	periferik	[pɛrifɛrík]
arrabal (m)	periferia (f)	[pɛrifɛría]
afueras (f pl)	periferia (f)	[pɛrifɛría]
barrio (m)	bllok pallatesh (m)	[bɫók paɫátɛʃ]
zona (f) de viviendas	bllok banimi (m)	[bɫók baními]
tráfico (m)	trafik (m)	[trafík]
semáforo (m)	semafor (m)	[sɛmafór]
transporte (m) urbano	transport publik (m)	[transpórt publík]
cruce (m)	kryqëzim (m)	[krycəzím]
paso (m) de peatones	kalim për këmbësorë (m)	[kalím pər kəmbəsórə]
paso (m) subterráneo	nënkalim për këmbësorë (m)	[nənkalím pər kəmbəsórə]
cruzar (vt)	kapërcej	[kapərtséj]
peatón (m)	këmbësor (m)	[kəmbəsór]
acera (f)	trotuar (m)	[trotuár]
puente (m)	urë (f)	[úrə]
muelle (m)	breg lumi (m)	[brɛg lúmi]
fuente (f)	shatërvan (m)	[ʃatərván]
alameda (f)	rrugëz (m)	[rúgəz]
parque (m)	park (m)	[park]
bulevar (m)	bulevard (m)	[bulɛvárd]
plaza (f)	shesh (m)	[ʃɛʃ]
avenida (f)	bulevard (m)	[bulɛvárd]
calle (f)	rrugë (f)	[rúgə]
callejón (m)	rrugë dytësore (f)	[rúgə dytəsórɛ]
callejón (m) sin salida	rrugë pa krye (f)	[rúgə pa krýɛ]
casa (f)	shtëpi (f)	[ʃtəpí]
edificio (m)	ndërtesë (f)	[ndərtésə]
rascacielos (m)	qiellgërvishtës (m)	[ciɛɫgərvíʃtəs]
fachada (f)	fasadë (f)	[fasádə]
techo (m)	çati (f)	[tʃatí]
ventana (f)	dritare (f)	[dritárɛ]
arco (m)	hark (m)	[hárk]
columna (f)	kolonë (f)	[kolónə]
esquina (f)	kënd (m)	[kənd]
escaparate (f)	vitrinë (f)	[vitrínə]
letrero (m) (~ luminoso)	tabelë (f)	[tabélə]
cartel (m)	poster (m)	[postér]
cartel (m) publicitario	afishe reklamuese (f)	[afíʃɛ rɛklamúɛsɛ]

valla (f) publicitaria	tabelë reklamash (f)	[tabélə rɛklámaʃ]
basura (f)	plehra (f)	[pléhra]
cajón (m) de basura	kosh plehrash (m)	[koʃ pléhraʃ]
tirar basura	hedh mbeturina	[hɛð mbɛturína]
basurero (m)	deponi plehrash (f)	[dɛponí pléhraʃ]
cabina (f) telefónica	kabinë telefonike (f)	[kabínə tɛlɛfoníkɛ]
farola (f)	shtyllë dritash (f)	[ʃtýɬə drítaʃ]
banco (m) (del parque)	stol (m)	[stol]
policía (m)	polic (m)	[políts]
policía (f) (~ nacional)	polici (f)	[politsí]
mendigo (m)	lypës (m)	[lýpəs]
persona (f) sin hogar	i pastrehë (m)	[i pastréhə]

29. Las instituciones urbanas

tienda (f)	dyqan (m)	[dycán]
farmacia (f)	farmaci (f)	[farmatsí]
óptica (f)	optikë (f)	[optíkə]
centro (m) comercial	qendër tregtare (f)	[cénder trɛgtárɛ]
supermercado (m)	supermarket (m)	[supɛrmarkét]
panadería (f)	furrë (f)	[fúrə]
panadero (m)	furrtar (m)	[furtár]
pastelería (f)	pastiçeri (f)	[pastitʃɛrí]
tienda (f) de comestibles	dyqan ushqimor (m)	[dycán uʃcimór]
carnicería (f)	dyqan mishi (m)	[dycán míʃi]
verdulería (f)	dyqan fruta-perimesh (m)	[dycán frúta-pɛrímɛʃ]
mercado (m)	treg (m)	[trɛg]
cafetería (f)	kafene (f)	[kafɛné]
restaurante (m)	restorant (m)	[rɛstoránt]
cervecería (f)	pab (m), pijetore (f)	[pab], [pijɛtórɛ]
pizzería (f)	piceri (f)	[pitsɛrí]
peluquería (f)	parukeri (f)	[parukɛrí]
oficina (f) de correos	zyrë postare (f)	[zýrə postárɛ]
tintorería (f)	pastrim kimik (m)	[pastrím kimík]
estudio (m) fotográfico	studio fotografike (f)	[stúdio fotografíkɛ]
zapatería (f)	dyqan këpucësh (m)	[dycán kəpútsəʃ]
librería (f)	librari (f)	[librarí]
tienda (f) deportiva	dyqan me mallra sportivë (m)	[dycán mɛ máɬra sportívə]
arreglos (m pl) de ropa	rrobaqepësi (f)	[robacɛpəsí]
alquiler (m) de ropa	dyqan veshjesh me qira (m)	[dycán véʃjeʃ mɛ cirá]
videoclub (m)	dyqan videosh me qira (m)	[dycán vídeoʃ mɛ cirá]
circo (m)	cirk (m)	[tsírk]
zoo (m)	kopsht zoologjik (m)	[kópʃt zooloɟík]
cine (m)	kinema (f)	[kinɛmá]

museo (m)	muze (m)	[muzé]
biblioteca (f)	bibliotekë (f)	[bibliotékə]

teatro (m)	teatër (m)	[tɛátər]
ópera (f)	opera (f)	[opéra]
club (m) nocturno	klub nate (m)	[klúb nátɛ]
casino (m)	kazino (f)	[kazíno]

mezquita (f)	xhami (f)	[dʒamí]
sinagoga (f)	sinagogë (f)	[sinagógə]
catedral (f)	katedrale (f)	[katɛdrálɛ]
templo (m)	tempull (m)	[témpuɫ]
iglesia (f)	kishë (f)	[kíʃə]

instituto (m)	kolegj (m)	[koléɟ]
universidad (f)	universitet (m)	[univɛrsitét]
escuela (f)	shkollë (f)	[ʃkóɫə]

prefectura (f)	prefekturë (f)	[prɛfɛktúrə]
alcaldía (f)	bashki (f)	[baʃkí]
hotel (m)	hotel (m)	[hotél]
banco (m)	bankë (f)	[bánkə]

embajada (f)	ambasadë (f)	[ambasádə]
agencia (f) de viajes	agjenci udhëtimesh (f)	[aɟɛntsí uðətímɛʃ]
oficina (f) de información	zyrë informacioni (f)	[zýrə informatsióni]
oficina (f) de cambio	këmbim valutor (m)	[kəmbím valutór]

metro (m)	metro (f)	[mɛtró]
hospital (m)	spital (m)	[spitál]

gasolinera (f)	pikë karburanti (f)	[píkə karburánti]
aparcamiento (m)	parking (m)	[parkíŋ]

30. Los avisos

letrero (m) (~ luminoso)	tabelë (f)	[tabélə]
cartel (m) (texto escrito)	njoftim (m)	[ɲoftím]
pancarta (f)	poster (m)	[postér]
signo (m) de dirección	tabelë drejtuese (f)	[tabélə drɛjtúɛsɛ]
flecha (f) (signo)	shigjetë (f)	[ʃiɟétə]

advertencia (f)	kujdes (m)	[kujdés]
aviso (m)	shenjë paralajmëruese (f)	[ʃéɲə paralajmərúɛsɛ]
advertir (vt)	paralajmëroj	[paralajmərój]

día (m) de descanso	ditë pushimi (f)	[dítə puʃími]
horario (m)	orar (m)	[orár]
horario (m) de apertura	orari i punës (m)	[orári i púnəs]

¡BIENVENIDOS!	MIRË SE VINI!	[mírə sɛ víni!]
ENTRADA	HYRJE	[hýrjɛ]
SALIDA	DALJE	[dáljɛ]
EMPUJAR	SHTY	[ʃty]

TIRAR	TËRHIQ	[tərhíc]
ABIERTO	HAPUR	[hápur]
CERRADO	MBYLLUR	[mbýłur]

| MUJERES | GRA | [gra] |
| HOMBRES | BURRA | [búra] |

REBAJAS	ZBRITJE	[zbrítjɛ]
SALDOS	ULJE	[úljɛ]
NOVEDAD	TË REJA!	[tə réja!]
GRATIS	FALAS	[fálas]

¡ATENCIÓN!	KUJDES!	[kujdés!]
COMPLETO	NUK KA VENDE TË LIRA	[nuk ka véndɛ tə líra]
RESERVADO	E REZERVUAR	[ɛ rɛzɛrvúar]

| ADMINISTRACIÓN | ADMINISTRATA | [administráta] |
| SÓLO PERSONAL AUTORIZADO | VETËM PËR STAFIN | [vétəm pər stáfin] |

CUIDADO CON EL PERRO	RUHUNI NGA QENI!	[rúhuni ŋa céni!]
PROHIBIDO FUMAR	NDALOHET DUHANI	[ndalóhɛt duháni]
NO TOCAR	MOS PREK!	[mos prék!]

PELIGROSO	TË RREZIKSHME	[tə rɛzíkʃmɛ]
PELIGRO	RREZIK	[rɛzík]
ALTA TENSIÓN	TENSION I LARTË	[tɛnsión i lártə]
PROHIBIDO BAÑARSE	NUK LEJOHET NOTI!	[nuk lɛjóhɛt nóti!]
NO FUNCIONA	E PRISHUR	[ɛ príʃur]

INFLAMABLE	LËNDË DJEGËSE	[ləndə djégəsɛ]
PROHIBIDO	E NDALUAR	[ɛ ndalúar]
PROHIBIDO EL PASO	NDALOHET HYRJA	[ndalóhɛt hýrja]
RECIÉN PINTADO	BOJË E FRESKËT	[bójə ɛ fréskət]

31. Las compras

comprar (vt)	blej	[blɛj]
compra (f)	blerje (f)	[blérjɛ]
hacer compras	shkoj për pazar	[ʃkoj pər pazár]
compras (f pl)	pazar (m)	[pazár]

| estar abierto (tienda) | hapur | [hápur] |
| estar cerrado | mbyllur | [mbýłur] |

calzado (m)	këpucë (f)	[kəpútsə]
ropa (f), vestido (m)	veshje (f)	[véʃjɛ]
cosméticos (m pl)	kozmetikë (f)	[kozmɛtíkə]
productos alimenticios	mallra ushqimore (f)	[máłra uʃcimórɛ]
regalo (m)	dhuratë (f)	[ðurátə]

vendedor (m)	shitës (m)	[ʃítəs]
vendedora (f)	shitëse (f)	[ʃítəsɛ]
caja (f)	arkë (f)	[árkə]

espejo (m)	**pasqyrë** (f)	[pascýrə]
mostrador (m)	**banak** (m)	[bának]
probador (m)	**dhomë prove** (f)	[ðómə próvɛ]

probar (un vestido)	**provoj**	[provój]
quedar (una ropa, etc.)	**më rri mirë**	[mə ri mírə]
gustar (vi)	**pëlqej**	[pəlcéj]

precio (m)	**çmim** (m)	[tʃmím]
etiqueta (f) de precio	**etiketa e çmimit** (f)	[ɛtikéta ɛ tʃmímit]
costar (vt)	**kushton**	[kuʃtón]
¿Cuánto?	**Sa?**	[sa?]
descuento (m)	**ulje** (f)	[úljɛ]

no costoso (adj)	**jo e shtrenjtë**	[jo ɛ ʃtréɲtə]
barato (adj)	**e lirë**	[ɛ lírə]
caro (adj)	**i shtrenjtë**	[i ʃtréɲtə]
Es caro	**Është e shtrenjtë**	[óʃtə ɛ ʃtréɲtə]

alquiler (m)	**qiramarrje** (f)	[ciramárjɛ]
alquilar (vt)	**marr me qira**	[mar mɛ cirá]
crédito (m)	**kredit** (m)	[krɛdít]
a crédito (adv)	**me kredi**	[mɛ krɛdí]

LA ROPA Y LOS ACCESORIOS

32. La ropa exterior. Los abrigos

ropa (f), vestido (m)	rroba (f)	[róba]
ropa (f) de calle	veshje e sipërme (f)	[véʃjɛ ɛ sípərmɛ]
ropa (f) de invierno	veshje dimri (f)	[véʃjɛ dímri]
abrigo (m)	pallto (f)	[páɫto]
abrigo (m) de piel	gëzof (m)	[gəzóf]
abrigo (m) corto de piel	xhaketë lëkure (f)	[dʒakétə ləkúrɛ]
plumón (m)	xhup (m)	[dʒup]
cazadora (f)	xhaketë (f)	[dʒakétə]
impermeable (m)	pardesy (f)	[pardɛsý]
impermeable (adj)	kundër shiut	[kúndər ʃíut]

33. Ropa de hombre y mujer

camisa (f)	këmishë (f)	[kəmíʃə]
pantalones (m pl)	pantallona (f)	[pantaɫóna]
jeans, vaqueros (m pl)	xhinse (f)	[dʒínsɛ]
chaqueta (f), saco (m)	xhaketë kostumi (f)	[dʒakétə kostúmi]
traje (m)	kostum (m)	[kostúm]
vestido (m)	fustan (m)	[fustán]
falda (f)	fund (m)	[fund]
blusa (f)	bluzë (f)	[blúzə]
rebeca (f), chaqueta (f) de punto	xhaketë me thurje (f)	[dʒakétə mɛ θúrjɛ]
chaqueta (f)	xhaketë femrash (f)	[dʒakétə fémraʃ]
camiseta (f) (T-shirt)	bluzë (f)	[blúzə]
shorts (m pl)	pantallona të shkurtra (f)	[pantaɫóna tə ʃkúrtra]
traje (m) deportivo	tuta sportive (f)	[túta sportívɛ]
bata (f) de baño	peshqir trupi (m)	[pɛʃcír trúpi]
pijama (f)	pizhame (f)	[piʒámɛ]
jersey (m), suéter (m)	triko (f)	[tríko]
pulóver (m)	pulovër (m)	[pulóvər]
chaleco (m)	jelek (m)	[jɛlék]
frac (m)	frak (m)	[frak]
esmoquin (m)	smoking (m)	[smokíŋ]
uniforme (m)	uniformë (f)	[unifórmə]
ropa (f) de trabajo	rroba pune (f)	[róba púnɛ]
mono (m)	kominoshe (f)	[kominóʃɛ]
bata (f) (p. ej. ~ blanca)	uniformë (f)	[unifórmə]

34. La ropa. La ropa interior

ropa (f) interior	të brendshme (f)	[tə bréndʃmɛ]
bóxer (m)	boksera (f)	[bokséra]
bragas (f pl)	brekë (f)	[brékə]
camiseta (f) interior	fanellë (f)	[fanéłə]
calcetines (m pl)	çorape (pl)	[tʃorápɛ]

camisón (m)	këmishë nate (f)	[kəmíʃə nátɛ]
sostén (m)	sytjena (f)	[sytjéna]
calcetines (m pl) altos	çorape déri tek gjuri (pl)	[tʃorápɛ déri ték ɟúri]
pantimedias (f pl)	geta (f)	[géta]
medias (f pl)	çorape të holla (pl)	[tʃorápɛ tə hółа]
traje (m) de baño	rrobë banje (f)	[róbə báɲɛ]

35. Gorras

gorro (m)	kapelë (f)	[kapélə]
sombrero (m) de fieltro	kapelë republike (f)	[kapélə rɛpublíkɛ]
gorra (f) de béisbol	kapelë bejsbolli (f)	[kapélə bɛjsbóti]
gorra (f) plana	kapelë e sheshtë (f)	[kapélə ɛ ʃéʃtə]

boina (f)	beretë (f)	[bɛrétə]
capuchón (m)	kapuç (m)	[kapútʃ]
panamá (m)	kapelë panama (f)	[kapélə panamá]
gorro (m) de punto	kapuç leshi (m)	[kapútʃ léʃi]

pañuelo (m)	shami (f)	[ʃamí]
sombrero (m) de mujer	kapelë femrash (f)	[kapélə fémraʃ]

casco (m) (~ protector)	helmetë (f)	[hɛlmétə]
gorro (m) de campaña	kapelë ushtrie (f)	[kapélə uʃtríɛ]
casco (m) (~ de moto)	helmetë (f)	[hɛlmétə]

bombín (m)	kapelë derby (f)	[kapélə dérby]
sombrero (m) de copa	kapelë cilindër (f)	[kapélə tsilíndər]

36. El calzado

calzado (m)	këpucë (pl)	[kəpútsə]
botas (f pl)	këpucë burrash (pl)	[kəpútsə búraʃ]
zapatos (m pl) (~ de tacón bajo)	këpucë grash (pl)	[kəpútsə gráʃ]
botas (f pl) altas	çizme (pl)	[tʃízmɛ]
zapatillas (f pl)	pantofla (pl)	[pantófla]

tenis (m pl)	atlete tenisi (pl)	[atlétɛ tɛnísi]
zapatillas (f pl) de lona	atlete (pl)	[atlétɛ]
sandalias (f pl)	sandale (pl)	[sandálɛ]
zapatero (m)	këpucëtar (m)	[kəputsətár]
tacón (m)	takë (f)	[tákə]

par (m)	palë (f)	[pálə]
cordón (m)	lidhëse këpucësh (f)	[líðəsɛ kəpútsəʃ]
encordonar (vt)	lidh këpucët	[lið kəpútsət]
calzador (m)	lugë këpucësh (f)	[lúgə kəpútsəʃ]
betún (m)	bojë këpucësh (f)	[bójə kəpútsəʃ]

37. Accesorios personales

guantes (m pl)	dorëza (pl)	[dórəza]
manoplas (f pl)	doreza (f)	[doréza]
bufanda (f)	shall (m)	[ʃaɫ]

gafas (f pl)	syze (f)	[sýzɛ]
montura (f)	skelet syzesh (m)	[skɛlét sýzɛʃ]
paraguas (m)	çadër (f)	[tʃádər]
bastón (m)	bastun (m)	[bastún]
cepillo (m) de pelo	furçë flokësh (f)	[fúrtʃə flókəʃ]
abanico (m)	erashkë (f)	[ɛráʃkə]

corbata (f)	kravatë (f)	[kravátə]
pajarita (f)	papion (m)	[papión]
tirantes (m pl)	aski (pl)	[askí]
moquero (m)	shami (f)	[ʃamí]

peine (m)	krehër (m)	[kréhər]
pasador (m) de pelo	kapëse flokësh (f)	[kápəsɛ flókəʃ]
horquilla (f)	karficë (f)	[karfítsə]
hebilla (f)	tokëz (f)	[tókəz]

| cinturón (m) | rrip (m) | [rip] |
| correa (f) (de bolso) | rrip supi (m) | [rip súpi] |

bolsa (f)	çantë dore (f)	[tʃántə dórɛ]
bolso (m)	çantë (f)	[tʃántə]
mochila (f)	çantë shpine (f)	[tʃántə ʃpínɛ]

38. La ropa. Miscelánea

moda (f)	modë (f)	[módə]
de moda (adj)	në modë	[nə módə]
diseñador (m) de moda	stilist (m)	[stilíst]

cuello (m)	jakë (f)	[jákə]
bolsillo (m)	xhep (m)	[dʒɛp]
de bolsillo (adj)	i xhepit	[i dʒépit]
manga (f)	mëngë (f)	[mə́ŋə]
presilla (f)	hallkë për varje (f)	[háɫkə pər várjɛ]
bragueta (f)	zinxhir (m)	[zindʒír]

cremallera (f)	zinxhir (m)	[zindʒír]
cierre (m)	kapëse (f)	[kápəsɛ]
botón (m)	kopsë (f)	[kópsə]

ojal (m)	**vrimë kopse** (f)	[vrímə kópsɛ]
saltar (un botón)	**këputet**	[kəpútɛt]

coser (vi, vt)	**qep**	[cɛp]
bordar (vt)	**qëndis**	[cəndís]
bordado (m)	**qëndisje** (f)	[cəndísjɛ]
aguja (f)	**gjilpërë për qepje** (f)	[ɟilpérə pər cépjɛ]
hilo (m)	**pe** (m)	[pɛ]
costura (f)	**tegel** (m)	[tɛgél]

ensuciarse (vr)	**bëhem pis**	[béhɛm pis]
mancha (f)	**njollë** (f)	[ɲóɫə]
arrugarse (vr)	**zhubros**	[ʒubrós]
rasgar (vt)	**gris**	[gris]
polilla (f)	**molë rrobash** (f)	[mólə róbaʃ]

39. Productos personales. Cosméticos

pasta (f) de dientes	**pastë dhëmbësh** (f)	[pástə ðémbəʃ]
cepillo (m) de dientes	**furçë dhëmbësh** (f)	[fúrtʃə ðémbəʃ]
limpiarse los dientes	**laj dhëmbët**	[laj ðémbət]

maquinilla (f) de afeitar	**brisk** (m)	[brísk]
crema (f) de afeitar	**pastë rroje** (f)	[pástə rójɛ]
afeitarse (vr)	**rruhem**	[rúhɛm]

jabón (m)	**sapun** (m)	[sapún]
champú (m)	**shampo** (f)	[ʃampó]

tijeras (f pl)	**gërshërë** (f)	[gərʃérə]
lima (f) de uñas	**limë thonjsh** (f)	[límə θóɲʃ]
cortaúñas (m pl)	**prerëse thonjsh** (f)	[prérəsɛ θóɲʃ]
pinzas (f pl)	**piskatore vetullash** (f)	[piskatórɛ vétuɫaʃ]

cosméticos (m pl)	**kozmetikë** (f)	[kozmɛtíkə]
mascarilla (f)	**maskë fytyre** (f)	[máskə fytýrɛ]
manicura (f)	**manikyr** (m)	[manikýr]
hacer la manicura	**bëj manikyr**	[bəj manikýr]
pedicura (f)	**pedikyr** (m)	[pɛdikýr]

neceser (m) de maquillaje	**çantë kozmetike** (f)	[tʃántə kozmɛtíkɛ]
polvos (m pl)	**pudër fytyre** (f)	[púdər fytýrɛ]
polvera (f)	**pudër kompakte** (f)	[púdər kompáktɛ]
colorete (m), rubor (m)	**ruzh** (m)	[ruʒ]

perfume (m)	**parfum** (m)	[parfúm]
agua (f) perfumada	**parfum** (m)	[parfúm]
loción (f)	**krem** (m)	[krɛm]
agua (f) de colonia	**kolonjë** (f)	[kolóɲə]

sombra (f) de ojos	**rimel** (m)	[rimél]
lápiz (m) de ojos	**laps për sy** (m)	[láps pər sy]
rímel (m)	**rimel** (m)	[rimél]
pintalabios (m)	**buzëkuq** (m)	[buzəkúc]

esmalte (m) de uñas	llak për thonj (m)	[ɫak pər θóɲ]
fijador (m) (para el pelo)	llak flokësh (m)	[ɫak flókəʃ]
desodorante (m)	deodorant (m)	[dɛodoránt]

crema (f)	krem (m)	[krɛm]
crema (f) de belleza	krem për fytyrë (m)	[krɛm pər fytýrə]
crema (f) de manos	krem për duar (m)	[krɛm pər dúar]
crema (f) antiarrugas	krem kundër rrudhave (m)	[krɛm kúndər rúðavɛ]
crema (f) de día	krem dite (m)	[krɛm dítɛ]
crema (f) de noche	krem nate (m)	[krɛm nátɛ]
de día (adj)	dite	[dítɛ]
de noche (adj)	nate	[nátɛ]

tampón (m)	tampon (m)	[tampón]
papel (m) higiénico	letër higjienike (f)	[létər hiɟiɛníkɛ]
secador (m) de pelo	tharëse flokësh (f)	[θárəsɛ flókəʃ]

40. Los relojes

reloj (m)	orë dore (f)	[órə dórɛ]
esfera (f)	faqe e orës (f)	[fácɛ ɛ órəs]
aguja (f)	akrep (m)	[akrép]
pulsera (f)	rrip metalik ore (m)	[rip mɛtalík órɛ]
correa (f) (del reloj)	rrip ore (m)	[rip órɛ]

pila (f)	bateri (f)	[batɛrí]
descargarse (vr)	e shkarkuar	[ɛ ʃkarkúar]
cambiar la pila	ndërroj baterinë	[ndərój batɛrínə]
adelantarse (vr)	kalon shpejt	[kalón ʃpéjt]
retrasarse (vr)	ngel prapa	[ŋɛl prápa]

reloj (m) de pared	orë muri (f)	[órə múri]
reloj (m) de arena	orë rëre (f)	[órə rərɛ]
reloj (m) de sol	orë diellore (f)	[órə diɛtórɛ]
despertador (m)	orë me zile (f)	[órə mɛ zílɛ]
relojero (m)	orëndreqës (m)	[orəndrécəs]
reparar (vt)	ndreq	[ndréc]

LA EXPERIENCIA DIARIA

41. El dinero

dinero (m)	para (f)	[pará]
cambio (m)	këmbim valutor (m)	[kəmbím valutór]
curso (m)	kurs këmbimi (m)	[kurs kəmbími]
cajero (m) automático	bankomat (m)	[bankomát]
moneda (f)	monedhë (f)	[monéðə]
dólar (m)	dollar (m)	[dołár]
euro (m)	euro (f)	[éuro]
lira (f)	lirë (f)	[lírə]
marco (m) alemán	Marka gjermane (f)	[márka ɟɛrmánɛ]
franco (m)	franga (f)	[fráŋa]
libra esterlina (f)	sterlina angleze (f)	[stɛrlína aŋlézɛ]
yen (m)	jen (m)	[jén]
deuda (f)	borxh (m)	[bórdʒ]
deudor (m)	debitor (m)	[dɛbitór]
prestar (vt)	jap hua	[jap huá]
tomar prestado	marr hua	[mar huá]
banco (m)	bankë (f)	[bánkə]
cuenta (f)	llogari (f)	[łogarí]
ingresar (~ en la cuenta)	depozitoj	[dɛpozitój]
ingresar en la cuenta	depozitoj në llogari	[dɛpozitój nə łogarí]
sacar de la cuenta	tërheq	[tərhéc]
tarjeta (f) de crédito	kartë krediti (f)	[kártə krɛdíti]
dinero (m) en efectivo	kesh (m)	[kɛʃ]
cheque (m)	çek (m)	[tʃɛk]
sacar un cheque	lëshoj një çek	[ləʃój ɲə tʃék]
talonario (m)	bllok çeqesh (m)	[błók tʃécɛʃ]
cartera (f)	portofol (m)	[portofól]
monedero (m)	kuletë (f)	[kulétə]
caja (f) fuerte	kasafortë (f)	[kasafórtə]
heredero (m)	trashëgimtar (m)	[traʃəgimtár]
herencia (f)	trashëgimi (f)	[traʃəgimí]
fortuna (f)	pasuri (f)	[pasurí]
arriendo (m)	qira (f)	[cirá]
alquiler (m) (dinero)	qiraja (f)	[cirája]
alquilar (~ una casa)	marr me qira	[mar mɛ cirá]
precio (m)	çmim (m)	[tʃmím]
coste (m)	kosto (f)	[kósto]

suma (f)	shumë (f)	[ʃúmə]
gastar (vt)	shpenzoj	[ʃpɛnzój]
gastos (m pl)	shpenzime (f)	[ʃpɛnzímɛ]
economizar (vi, vt)	kursej	[kurséj]
económico (adj)	ekonomik	[ɛkonomík]

pagar (vi, vt)	paguaj	[pagúaj]
pago (m)	pagesë (f)	[pagésə]
cambio (m) (devolver el ~)	kusur (m)	[kusúr]

impuesto (m)	taksë (f)	[táksə]
multa (f)	gjobë (f)	[ɟóbə]
multar (vt)	vendos gjobë	[vɛndós ɟóbə]

42. La oficina de correos

oficina (f) de correos	zyrë postare (f)	[zýrə postárɛ]
correo (m) (cartas, etc.)	postë (f)	[póstə]
cartero (m)	postier (m)	[postiér]
horario (m) de apertura	orari i punës (m)	[orári i púnəs]

carta (f)	letër (f)	[létər]
carta (f) certificada	letër rekomande (f)	[létər rɛkomándɛ]
tarjeta (f) postal	kartolinë (f)	[kartolínə]
telegrama (m)	telegram (m)	[tɛlɛgrám]
paquete (m) postal	pako (f)	[páko]
giro (m) postal	transfer parash (m)	[transfér paráʃ]

recibir (vt)	pranoj	[pranój]
enviar (vt)	dërgoj	[dərgój]
envío (m)	dërgesë (f)	[dərgésə]
dirección (f)	adresë (f)	[adrésə]
código (m) postal	kodi postar (m)	[kódi postár]
expedidor (m)	dërguesi (m)	[dərgúɛsi]
destinatario (m)	pranues (m)	[pranúɛs]

nombre (m)	emër (m)	[émər]
apellido (m)	mbiemër (m)	[mbiémər]
tarifa (f)	tarifë postare (f)	[tarífə postárɛ]
ordinario (adj)	standard	[standárd]
económico (adj)	ekonomike	[ɛkonomíkɛ]

peso (m)	peshë (f)	[péʃə]
pesar (~ una carta)	peshoj	[pɛʃój]
sobre (m)	zarf (m)	[zarf]
sello (m)	pullë postare (f)	[púɫə postárɛ]
poner un sello	vendos pullën postare	[vɛndós púɫən postárɛ]

43. La banca

| banco (m) | bankë (f) | [bánkə] |
| sucursal (f) | degë (f) | [dégə] |

| asesor (m) (~ fiscal) | punonjës banke (m) | [punóɲəs bánkɛ] |
| gerente (m) | drejtor (m) | [drɛjtór] |

cuenta (f)	llogari bankare (f)	[ɫogarí bankárɛ]
numero (m) de la cuenta	numër llogarie (m)	[númər ɫogaríɛ]
cuenta (f) corriente	llogari rrjedhëse (f)	[ɫogarí rjéðəsɛ]
cuenta (f) de ahorros	llogari kursimesh (f)	[ɫogarí kursímɛʃ]

abrir una cuenta	hap një llogari	[hap ɲə ɫogarí]
cerrar la cuenta	mbyll një llogari	[mbýɫ ɲə ɫogarí]
ingresar en la cuenta	depozitoj në llogari	[dɛpozitój nə ɫogarí]
sacar de la cuenta	tërheq	[tərhéc]

depósito (m)	depozitë (f)	[dɛpozítə]
hacer un depósito	kryej një depozitim	[krýɛj ɲə dɛpozitím]
giro (m) bancario	transfer bankar (m)	[transfér bankár]
hacer un giro	transferoj para	[transfɛrój pará]

| suma (f) | shumë (f) | [ʃúmə] |
| ¿Cuánto? | Sa? | [sa?] |

| firma (f) (nombre) | nënshkrim (m) | [nənʃkrím] |
| firmar (vt) | nënshkruaj | [nənʃkrúaj] |

tarjeta (f) de crédito	kartë krediti (f)	[kártə krɛdíti]
código (m)	kodi PIN (m)	[kódi pin]
número (m) de tarjeta de crédito	numri i kartës së kreditit (m)	[númri i kártəs sə krɛdítit]
cajero (m) automático	bankomat (m)	[bankomát]

cheque (m)	çek (m)	[tʃɛk]
sacar un cheque	lëshoj një çek	[ləʃój ɲə tʃék]
talonario (m)	bllok çeqesh (m)	[bɫók tʃécɛʃ]

crédito (m)	kredi (f)	[krɛdí]
pedir el crédito	aplikoj për kredi	[aplikój pər krɛdí]
obtener un crédito	marr kredi	[mar krɛdí]
conceder un crédito	jap kredi	[jap krɛdí]
garantía (f)	garanci (f)	[garantsí]

44. El teléfono. Las conversaciones telefónicas

teléfono (m)	telefon (m)	[tɛlɛfón]
teléfono (m) móvil	celular (m)	[tsɛlulár]
contestador (m)	sekretari telefonike (f)	[sɛkrɛtarí tɛlɛfoníkɛ]

| llamar, telefonear | telefonoj | [tɛlɛfonój] |
| llamada (f) | telefonatë (f) | [tɛlɛfonátə] |

marcar un número	i bie numrit	[i bíɛ númrit]
¿Sí?, ¿Dígame?	Përshëndetje!	[pərʃəndétjɛ!]
preguntar (vt)	pyes	[pýɛs]
responder (vi, vt)	përgjigjem	[pərɟíɟɛm]
oír (vt)	dëgjoj	[dəɟój]

bien (adv)	mirë	[mírə]
mal (adv)	jo mirë	[jo mírə]
ruidos (m pl)	zhurmë (f)	[ʒúrmə]

auricular (m)	marrës (m)	[márəs]
descolgar (el teléfono)	ngre telefonin	[ŋré tɛlɛfónin]
colgar el auricular	mbyll telefonin	[mbýɫ tɛlɛfónin]

ocupado (adj)	i zënë	[i zɘ́nə]
sonar (teléfono)	bie zilja	[bíɛ zílja]
guía (f) de teléfonos	numerator telefonik (m)	[numɛratór tɛlɛfoník]

local (adj)	lokale	[lokálɛ]
llamada (f) local	thirrje lokale (f)	[θírjɛ lokálɛ]
de larga distancia	distancë e largët	[distántsə ɛ lárgət]
llamada (f) de larga distancia	thirrje në distancë (f)	[θírjɛ nə distántsə]
internacional (adj)	ndërkombëtar	[ndərkombətár]
llamada (f) internacional	thirrje ndërkombëtare (f)	[θírjɛ ndərkombətárɛ]

45. El teléfono celular

teléfono (m) móvil	celular (m)	[tsɛlulár]
pantalla (f)	ekran (m)	[ɛkrán]
botón (m)	buton (m)	[butón]
tarjeta SIM (f)	karta SIM (m)	[kárta sim]

pila (f)	bateri (f)	[batɛrí]
descargarse (vr)	e shkarkuar	[ɛ ʃkarkúar]
cargador (m)	karikues (m)	[karikúɛs]

menú (m)	menu (f)	[mɛnú]
preferencias (f pl)	parametra (f)	[paramétra]
melodía (f)	melodi (f)	[mɛlodí]
seleccionar (vt)	përzgjedh	[pərzɟéð]

calculadora (f)	makinë llogaritëse (f)	[makínə ɫogarítəsɛ]
contestador (m)	postë zanore (f)	[póstə zanórɛ]
despertador (m)	alarm (m)	[alárm]
contactos (m pl)	kontakte (pl)	[kontáktɛ]

| mensaje (m) de texto | SMS (m) | [ɛsɛmɛs] |
| abonado (m) | abonent (m) | [abonént] |

46. Los artículos de escritorio

| bolígrafo (m) | stilolaps (m) | [stiloláps] |
| pluma (f) estilográfica | stilograf (m) | [stilográf] |

lápiz (f)	laps (m)	[láps]
marcador (m)	shënjues (m)	[ʃəɲúɛs]
rotulador (m)	tushë me bojë (f)	[túʃə mɛ bójə]
bloc (m) de notas	bllok shënimesh (m)	[bɫók ʃənímɛʃ]

agenda (f)	**agjendë** (f)	[aɟéndə]
regla (f)	**vizore** (f)	[vizórɛ]
calculadora (f)	**makinë llogaritëse** (f)	[makínə ɫogarítəsɛ]
goma (f) de borrar	**gomë** (f)	[gómə]
chincheta (f)	**pineskë** (f)	[pinéskə]
clip (m)	**kapëse fletësh** (f)	[kápəsɛ flétəʃ]

pegamento (m)	**ngjitës** (m)	[nɟítəs]
grapadora (f)	**ngjitës metalik** (m)	[nɟítəs mɛtalík]
perforador (m)	**hapës vrimash** (m)	[hápəs vrímaʃ]
sacapuntas (m)	**mprehëse lapsash** (m)	[mpréhəsɛ lápsaʃ]

47. Los idiomas extranjeros

lengua (f)	**gjuhë** (f)	[ɟúhə]
extranjero (adj)	**huaj**	[húaj]
lengua (f) extranjera	**gjuhë e huaj** (f)	[ɟúhə ɛ húaj]
estudiar (vt)	**studioj**	[studiój]
aprender (ingles, etc.)	**mësoj**	[məsój]

leer (vi, vt)	**lexoj**	[lɛdzój]
hablar (vi, vt)	**flas**	[flas]
comprender (vt)	**kuptoj**	[kuptój]
escribir (vt)	**shkruaj**	[ʃkrúaj]

rápidamente (adv)	**shpejt**	[ʃpɛjt]
lentamente (adv)	**ngadalë**	[ŋadálə]
con fluidez (adv)	**rrjedhshëm**	[rjéðʃəm]

reglas (f pl)	**rregullat** (pl)	[réguɫat]
gramática (f)	**gramatikë** (f)	[gramatíkə]
vocabulario (m)	**fjalor** (m)	[fjalór]
fonética (f)	**fonetikë** (f)	[fonɛtíkə]

manual (m)	**tekst mësimor** (m)	[tɛkst məsimór]
diccionario (m)	**fjalor** (m)	[fjalór]
manual (m) autodidáctico	**libër i mësimit autodidakt** (m)	[líbər i məsímit autodidákt]
guía (f) de conversación	**libër frazeologjik** (m)	[líbər frazɛoloɟík]

casete (m)	**kasetë** (f)	[kasétə]
videocasete (f)	**videokasetë** (f)	[vidɛokasétə]
CD (m)	**CD** (f)	[tsɛdé]
DVD (m)	**DVD** (m)	[dividí]

alfabeto (m)	**alfabet** (m)	[alfabét]
deletrear (vt)	**gërmëzoj**	[gərməzój]
pronunciación (f)	**shqiptim** (m)	[ʃciptím]

acento (m)	**aksent** (m)	[aksént]
con acento	**me aksent**	[mɛ aksént]
sin acento	**pa aksent**	[pa aksént]
palabra (f)	**fjalë** (f)	[fjálə]
significado (m)	**kuptim** (m)	[kuptím]

cursos (m pl)	kurs (m)	[kurs]
inscribirse (vr)	regjistrohem	[rɛɟistróhɛm]
profesor (m) (~ de inglés)	mësues (m)	[məsúɛs]
traducción (f) (proceso)	përkthim (m)	[pərkθím]
traducción (f) (texto)	përkthim (m)	[pərkθím]
traductor (m)	përkthyes (m)	[pərkθýɛs]
intérprete (m)	përkthyes (m)	[pərkθýɛs]
políglota (m)	poliglot (m)	[poliglót]
memoria (f)	kujtesë (f)	[kujtésə]

LAS COMIDAS. EL RESTAURANTE

48. Los cubiertos

cuchara (f)	lugë (f)	[lúgə]
cuchillo (m)	thikë (f)	[θíkə]
tenedor (m)	pirun (m)	[pirún]
taza (f)	filxhan (m)	[fildʒán]
plato (m)	pjatë (f)	[pjátə]
platillo (m)	pjatë filxhani (f)	[pjátə fildʒáni]
servilleta (f)	pecetë (f)	[pɛtsétə]
mondadientes (m)	kruajtëse dhëmbësh (f)	[krúajtəsɛ ðə́mbəʃ]

49. El restaurante

restaurante (m)	restorant (m)	[rɛstoránt]
cafetería (f)	kafene (f)	[kafɛné]
bar (m)	pab (m), pijetore (f)	[pab], [pijɛtórɛ]
salón (m) de té	çajtore (f)	[tʃajtórɛ]
camarero (m)	kamerier (m)	[kamɛriér]
camarera (f)	kameriere (f)	[kamɛriérɛ]
barman (m)	banakier (m)	[banakiér]
carta (f), menú (m)	menu (f)	[mɛnú]
carta (f) de vinos	menu vërërash (f)	[mɛnú vérəraʃ]
reservar una mesa	rezervoj një tavolinë	[rɛzɛrvój ɲə tavolínə]
plato (m)	pjatë (f)	[pjátə]
pedir (vt)	porosis	[porosís]
hacer el pedido	bëj porosinë	[bəj porosínə]
aperitivo (m)	aperitiv (m)	[apɛritív]
entremés (m)	antipastë (f)	[antipástə]
postre (m)	ëmbëlsirë (f)	[əmbəlsírə]
cuenta (f)	faturë (f)	[fatúrə]
pagar la cuenta	paguaj faturën	[pagúaj fatúrən]
dar la vuelta	jap kusur	[jap kusúr]
propina (f)	bakshish (m)	[bakʃíʃ]

50. Las comidas

comida (f)	ushqim (m)	[uʃcím]
comer (vi, vt)	ha	[ha]

desayuno (m)	mëngjes (m)	[mənɟés]
desayunar (vi)	ha mëngjes	[ha mənɟés]
almuerzo (m)	drekë (f)	[drékə]
almorzar (vi)	ha drekë	[ha drékə]
cena (f)	darkë (f)	[dárkə]
cenar (vi)	ha darkë	[ha dárkə]

apetito (m)	oreks (m)	[oréks]
¡Que aproveche!	Të bëftë mirë!	[tə bəftə mírə!]

abrir (vt)	hap	[hap]
derramar (líquido)	derdh	[dérð]
derramarse (líquido)	derdhje	[dérðjɛ]

hervir (vi)	ziej	[zíɛj]
hervir (vt)	ziej	[zíɛj]
hervido (agua ~a)	i zier	[i zíɛr]
enfriar (vt)	ftoh	[ftoh]
enfriarse (vr)	ftohje	[ftóhjɛ]

sabor (m)	shije (f)	[ʃíjɛ]
regusto (m)	shije (f)	[ʃíjɛ]

adelgazar (vi)	dobësohem	[dobəsóhɛm]
dieta (f)	dietë (f)	[diétə]
vitamina (f)	vitaminë (f)	[vitamínə]
caloría (f)	kalori (f)	[kalorí]
vegetariano (m)	vegjetarian (m)	[vɛɟɛtarián]
vegetariano (adj)	vegjetarian	[vɛɟɛtarián]

grasas (f pl)	yndyrë (f)	[yndýrə]
proteínas (f pl)	proteinë (f)	[protɛínə]
carbohidratos (m pl)	karbohidrat (m)	[karbohidrát]

loncha (f)	fetë (f)	[fétə]
pedazo (m)	copë (f)	[tsópə]
miga (f)	dromcë (f)	[drómtsə]

51. Los platos al horno

plato (m)	pjatë (f)	[pjátə]
cocina (f)	kuzhinë (f)	[kuʒínə]
receta (f)	recetë (f)	[rɛtsétə]
porción (f)	racion (m)	[ratsión]

ensalada (f)	sallatë (f)	[saɫátə]
sopa (f)	supë (f)	[súpə]

caldo (m)	lëng mishi (m)	[ləŋ míʃi]
bocadillo (m)	sandviç (m)	[sandvítʃ]
huevos (m pl) fritos	vezë të skuqura (pl)	[vézə tə skúcura]

hamburguesa (f)	hamburger	[hamburgér]
bistec (m)	biftek (m)	[bifték]

guarnición (f)	garniturë (f)	[garnitúrə]
espagueti (m)	shpageti (pl)	[ʃpagéti]
puré (m) de patatas	pure patatesh (f)	[puré patátɛʃ]
pizza (f)	pica (f)	[pítsa]
gachas (f pl)	qull (m)	[cuɫ]
tortilla (f) francesa	omëletë (f)	[oməlétə]

cocido en agua (adj)	i zier	[i zíɛr]
ahumado (adj)	i tymosur	[i tymósur]
frito (adj)	i skuqur	[i skúcur]
seco (adj)	i tharë	[i θárə]
congelado (adj)	i ngrirë	[i ŋrírə]
marinado (adj)	i marinuar	[i marinúar]

azucarado (adj)	i ëmbël	[i əmbəl]
salado (adj)	i kripur	[i krípur]
frío (adj)	i ftohtë	[i ftóhtə]
caliente (adj)	i nxehtë	[i ndzéhtə]
amargo (adj)	i hidhur	[i híður]
sabroso (adj)	i shijshëm	[i ʃíjʃəm]

cocer en agua	ziej	[zíɛj]
preparar (la cena)	gatuaj	[gatúaj]
freír (vt)	skuq	[skuc]
calentar (vt)	ngroh	[ŋróh]

salar (vt)	hedh kripë	[hɛð krípə]
poner pimienta	hedh piper	[hɛð pipér]
rallar (vt)	rendoj	[rɛndój]
piel (f)	lëkurë (f)	[ləkúrə]
pelar (vt)	qëroj	[cərój]

52. La comida

carne (f)	mish (m)	[miʃ]
gallina (f)	pulë (f)	[púlə]
pollo (m)	mish pule (m)	[miʃ púlɛ]
pato (m)	rosë (f)	[rósə]
ganso (m)	patë (f)	[pátə]
caza (f) menor	gjah (m)	[ɟáh]
pava (f)	mish gjel deti (m)	[miʃ ɟɛl déti]

carne (f) de cerdo	mish derri (m)	[miʃ déri]
carne (f) de ternera	mish viçi (m)	[miʃ vítʃi]
carne (f) de carnero	mish qengji (m)	[miʃ cénɟi]
carne (f) de vaca	mish lope (m)	[miʃ lópɛ]
conejo (m)	mish lepuri (m)	[miʃ lépuri]

salchichón (m)	salsiçe (f)	[salsítʃɛ]
salchicha (f)	salsiçe vjeneze (f)	[salsítʃɛ vjɛnézɛ]
beicon (m)	proshutë (f)	[proʃútə]
jamón (m)	sallam (m)	[saɫám]
jamón (m) fresco	kofshë derri (f)	[kófʃə déri]
paté (m)	pate (f)	[paté]

hígado (m)	mëlçi (f)	[məltʃí]
carne (f) picada	hamburger (m)	[hamburgér]
lengua (f)	gjuhë (f)	[ɟúhə]
huevo (m)	ve (f)	[vɛ]
huevos (m pl)	vezë (pl)	[vézə]
clara (f)	e bardhë veze (f)	[ɛ bárðə vézɛ]
yema (f)	e verdhë veze (f)	[ɛ vérðə vézɛ]
pescado (m)	peshk (m)	[pɛʃk]
mariscos (m pl)	fruta deti (pl)	[frúta déti]
crustáceos (m pl)	krustace (pl)	[krustátsɛ]
caviar (m)	havjar (m)	[havjáɾ]
cangrejo (m) de mar	gaforre (f)	[gafórɛ]
camarón (m)	karkalec (m)	[karkaléts]
ostra (f)	midhje (f)	[míðjɛ]
langosta (f)	karavidhe (f)	[karavíðɛ]
pulpo (m)	oktapod (m)	[oktapód]
calamar (m)	kallamarë (f)	[kaɫamárə]
esturión (m)	bli (m)	[blí]
salmón (m)	salmon (m)	[salmón]
fletán (m)	shojzë e Atlantikut Verior (f)	[ʃójzə ɛ atlantíkut vɛrióɾ]
bacalao (m)	merluc (m)	[mɛrlúts]
caballa (f)	skumbri (m)	[skúmbri]
atún (m)	tunë (f)	[túnə]
anguila (f)	ngjalë (f)	[ɲɟálə]
trucha (f)	troftë (f)	[tróftə]
sardina (f)	sardele (f)	[sardélɛ]
lucio (m)	mlysh (m)	[mlýʃ]
arenque (m)	harengë (f)	[haréŋə]
pan (m)	bukë (f)	[búkə]
queso (m)	djath (m)	[djáθ]
azúcar (m)	sheqer (m)	[ʃɛcéɾ]
sal (f)	kripë (f)	[krípə]
arroz (m)	oriz (m)	[oríz]
macarrones (m pl)	makarona (f)	[makaróna]
tallarines (m pl)	makarona petë (f)	[makaróna pétə]
mantequilla (f)	gjalp (m)	[ɟalp]
aceite (m) vegetal	vaj vegjetal (m)	[vaj vɛɟɛtál]
aceite (m) de girasol	vaj luledielli (m)	[vaj lulɛdiéti]
margarina (f)	margarinë (f)	[margarínə]
olivas (f pl)	ullinj (pl)	[uɫíɲ]
aceite (m) de oliva	vaj ulliri (m)	[vaj uɫíri]
leche (f)	qumësht (m)	[cúməʃt]
leche (f) condensada	qumësht i kondensuar (m)	[cúməʃt i kondɛnsúaɾ]
yogur (m)	kos (m)	[kos]
nata (f) agria	salcë kosi (f)	[sáltsə kosi]

nata (f) líquida	krem qumështi (m)	[krɛm cúməʃti]
mayonesa (f)	majonezë (f)	[majonézə]
crema (f) de mantequilla	krem gjalpi (m)	[krɛm ɟálpi]

cereal molido grueso	drithëra (pl)	[dríθəra]
harina (f)	miell (m)	[míɛɫ]
conservas (f pl)	konserva (f)	[konsérva]

copos (m pl) de maíz	kornfleiks (m)	[kornfléiks]
miel (f)	mjaltë (f)	[mjáltə]
confitura (f)	reçel (m)	[rɛtʃél]
chicle (m)	çamçakëz (m)	[tʃamtʃakéz]

53. Las bebidas

agua (f)	ujë (m)	[újə]
agua (f) potable	ujë i pijshëm (m)	[újə i píjʃəm]
agua (f) mineral	ujë mineral (m)	[újə minɛrál]

sin gas	ujë natyral	[újə natyrál]
gaseoso (adj)	ujë i karbonuar	[újə i karbonúar]
con gas	ujë i gazuar	[újə i gazúar]
hielo (m)	akull (m)	[ákuɫ]
con hielo	me akull	[mɛ ákuɫ]

sin alcohol	jo alkoolik	[jo alkoolík]
bebida (f) sin alcohol	pije e lehtë (f)	[píjɛ ɛ léhtə]
refresco (m)	pije freskuese (f)	[píjɛ frɛskúesɛ]
limonada (f)	limonadë (f)	[limonádə]

bebidas (f pl) alcohólicas	likere (pl)	[likérɛ]
vino (m)	verë (f)	[vérə]
vino (m) blanco	verë e bardhë (f)	[vérə ɛ bárðə]
vino (m) tinto	verë e kuqe (f)	[vérə ɛ kúcɛ]

licor (m)	liker (m)	[likér]
champaña (f)	shampanjë (f)	[ʃampáɲə]
vermú (m)	vermut (m)	[vɛrmút]

whisky (m)	uiski (m)	[víski]
vodka (m)	vodkë (f)	[vódkə]
ginebra (f)	xhin (m)	[dʒin]
coñac (m)	konjak (m)	[koɲák]
ron (m)	rum (m)	[rum]

café (m)	kafe (f)	[káfɛ]
café (m) solo	kafe e zezë (f)	[káfɛ ɛ zézə]
café (m) con leche	kafe me qumësht (m)	[káfɛ mɛ cúməʃt]
capuchino (m)	kapuçino (m)	[kaputʃíno]
café (m) soluble	neskafe (f)	[nɛskáfɛ]

leche (f)	qumësht (m)	[cúməʃt]
cóctel (m)	koktej (m)	[koktéj]
batido (m)	milkshake (f)	[milkʃákɛ]

zumo (m), jugo (m)	lëng frutash (m)	[ləŋ frútaʃ]
jugo (m) de tomate	lëng domatesh (m)	[ləŋ domátɛʃ]
zumo (m) de naranja	lëng portokalli (m)	[ləŋ portokáɬi]
zumo (m) fresco	lëng frutash i freskët (m)	[ləŋ frútaʃ i fréskət]
cerveza (f)	birrë (f)	[bírə]
cerveza (f) rubia	birrë e lehtë (f)	[bírə ɛ léhtə]
cerveza (f) negra	birrë e zezë (f)	[bírə ɛ zézə]
té (m)	çaj (m)	[tʃáj]
té (m) negro	çaj i zi (m)	[tʃáj i zí]
té (m) verde	çaj jeshil (m)	[tʃáj jɛʃíl]

54. Las verduras

legumbres (f pl)	perime (pl)	[pɛrímɛ]
verduras (f pl)	zarzavate (pl)	[zarzavátɛ]
tomate (m)	domate (f)	[domátɛ]
pepino (m)	kastravec (m)	[kastravéts]
zanahoria (f)	karotë (f)	[karótə]
patata (f)	patate (f)	[patátɛ]
cebolla (f)	qepë (f)	[cépə]
ajo (m)	hudhër (f)	[húðər]
col (f)	lakër (f)	[lákər]
coliflor (f)	lulelakër (f)	[lulɛlákər]
col (f) de Bruselas	lakër Brukseli (f)	[lákər brukséli]
brócoli (m)	brokoli (m)	[brókoli]
remolacha (f)	panxhar (m)	[pandʒár]
berenjena (f)	patëllxhan (m)	[patəɬdʒán]
calabacín (m)	kungulleshë (m)	[kuŋuɬéʃə]
calabaza (f)	kungull (m)	[kúŋuɬ]
nabo (m)	rrepë (f)	[répə]
perejil (m)	majdanoz (m)	[majdanóz]
eneldo (m)	kopër (f)	[kópər]
lechuga (f)	sallatë jeshile (f)	[saɬátə jɛʃílɛ]
apio (m)	selino (f)	[sɛlíno]
espárrago (m)	asparagus (m)	[asparágus]
espinaca (f)	spinaq (m)	[spinác]
guisante (m)	bizele (f)	[bizélɛ]
habas (f pl)	fasule (f)	[fasúlɛ]
maíz (m)	misër (m)	[mísər]
fréjol (m)	groshë (f)	[gróʃə]
pimentón (m)	spec (m)	[spɛts]
rábano (m)	rrepkë (f)	[répkə]
alcachofa (f)	angjinare (f)	[anɟinárɛ]

55. Las frutas. Las nueces

fruto (m)	frut (m)	[frut]
manzana (f)	mollë (f)	[mótə]
pera (f)	dardhë (f)	[dárðə]
limón (m)	limon (m)	[limón]
naranja (f)	portokall (m)	[portokáł]
fresa (f)	luleshtrydhe (f)	[luleʃtrýðɛ]
mandarina (f)	mandarinë (f)	[mandarínə]
ciruela (f)	kumbull (f)	[kúmbuł]
melocotón (m)	pjeshkë (f)	[pjéʃkə]
albaricoque (m)	kajsi (f)	[kajsí]
frambuesa (f)	mjedër (f)	[mjédər]
ananás (m)	ananas (m)	[ananás]
banana (f)	banane (f)	[banánɛ]
sandía (f)	shalqi (m)	[ʃalcí]
uva (f)	rrush (m)	[ruʃ]
guinda (f)	qershi vishnje (f)	[cɛrʃí víʃɲɛ]
cereza (f)	qershi (f)	[cɛrʃí]
melón (m)	pjepër (m)	[pjépər]
pomelo (m)	grejpfrut (m)	[grɛjpfrút]
aguacate (m)	avokado (f)	[avokádo]
papaya (m)	papaja (f)	[papája]
mango (m)	mango (f)	[máŋo]
granada (f)	shegë (f)	[ʃégə]
grosella (f) roja	kaliboba e kuqe (f)	[kalibóba ɛ kúcɛ]
grosella (f) negra	kaliboba e zezë (f)	[kalibóba ɛ zézə]
grosella (f) espinosa	kulumbri (f)	[kulumbrí]
arándano (m)	boronicë (f)	[boronítsə]
zarzamoras (f pl)	manaferra (f)	[manaféra]
pasas (f pl)	rrush i thatë (m)	[ruʃ i θátə]
higo (m)	fik (m)	[fik]
dátil (m)	hurmë (f)	[húrmə]
cacahuete (m)	kikirik (m)	[kikirík]
almendra (f)	bajame (f)	[bajámɛ]
nuez (f)	arrë (f)	[árə]
avellana (f)	lajthi (f)	[lajθí]
nuez (f) de coco	arrë kokosi (f)	[árə kokósi]
pistachos (m pl)	fëstëk (m)	[fəsték]

56. El pan. Los dulces

pasteles (m pl)	ëmbëlsira (pl)	[əmbəlsíra]
pan (m)	bukë (f)	[búkə]
galletas (f pl)	biskota (pl)	[biskóta]
chocolate (m)	çokollatë (f)	[tʃokołátə]
de chocolate (adj)	prej çokollate	[prɛj tʃokołátɛ]

caramelo (m)	karamele (f)	[karamélɛ]
tarta (f) (pequeña)	kek (m)	[kék]
tarta (f) (~ de cumpleaños)	tortë (f)	[tórtə]

| pastel (m) (~ de manzana) | tortë (f) | [tórtə] |
| relleno (m) | mbushje (f) | [mbúʃʃɛ] |

confitura (f)	reçel (m)	[rɛtʃél]
mermelada (f)	marmelatë (f)	[marmɛlátə]
gofre (m)	vafera (pl)	[vaféra]
helado (m)	akullore (f)	[akułórɛ]
pudín (f)	puding (m)	[pudíŋ]

57. Las especias

sal (f)	kripë (f)	[krípə]
salado (adj)	i kripur	[i krípur]
salar (vt)	hedh kripë	[hɛð krípə]

pimienta (f) negra	piper i zi (m)	[pipér i zi]
pimienta (f) roja	piper i kuq (m)	[pipér i kuc]
mostaza (f)	mustardë (f)	[mustárdə]
rábano (m) picante	rrepë djegëse (f)	[répə djégəsɛ]

condimento (m)	salcë (f)	[sáltsə]
especia (f)	erëz (f)	[érəz]
salsa (f)	salcë (f)	[sáltsə]
vinagre (m)	uthull (f)	[úθuł]

anís (m)	anisetë (f)	[anisétə]
albahaca (f)	borzilok (m)	[borzilók]
clavo (m)	karafil (m)	[karafíl]
jengibre (m)	xhenxhefil (m)	[dʒɛndʒɛfíl]
cilantro (m)	koriandër (m)	[koriándər]
canela (f)	kanellë (f)	[kanéłə]

sésamo (m)	susam (m)	[susám]
hoja (f) de laurel	gjeth dafine (m)	[ɟɛθ dafínɛ]
paprika (f)	spec (m)	[spɛts]
comino (m)	kumin (m)	[kumín]
azafrán (m)	shafran (m)	[ʃafrán]

LA INFORMACIÓN PERSONAL. LA FAMILIA

58. La información personal. Los formularios

nombre (m)	emër (m)	[émər]
apellido (m)	mbiemër (m)	[mbiémər]
fecha (f) de nacimiento	datëlindje (f)	[datəlíndjɛ]
lugar (m) de nacimiento	vendlindje (f)	[vɛndlíndjɛ]
nacionalidad (f)	kombësi (f)	[kombəsí]
domicilio (m)	vendbanim (m)	[vɛndbaním]
país (m)	shtet (m)	[ʃtɛt]
profesión (f)	profesion (m)	[profɛsión]
sexo (m)	gjinia (f)	[ɟinía]
estatura (f)	gjatësia (f)	[ɟatəsía]
peso (m)	peshë (f)	[péʃə]

59. Los familiares. Los parientes

madre (f)	nënë (f)	[nénə]
padre (m)	baba (f)	[babá]
hijo (m)	bir (m)	[bir]
hija (f)	bijë (f)	[bíjə]
hija (f) menor	vajza e vogël (f)	[vájza ɛ vógəl]
hijo (m) menor	djali i vogël (m)	[djáli i vógəl]
hija (f) mayor	vajza e madhe (f)	[vájza ɛ máðɛ]
hijo (m) mayor	djali i vogël (m)	[djáli i vógəl]
hermano (m)	vëlla (m)	[vəłá]
hermano (m) mayor	vëllai i madh (m)	[vəłái i mað]
hermano (m) menor	vëllai i vogël (m)	[vəłai i vógəl]
hermana (f)	motër (f)	[mótər]
hermana (f) mayor	motra e madhe (f)	[mótra ɛ máðɛ]
hermana (f) menor	motra e vogël (f)	[mótra ɛ vógəl]
primo (m)	kushëri (m)	[kuʃərí]
prima (f)	kushërirë (f)	[kuʃərírə]
mamá (f)	mami (f)	[mámi]
papá (m)	babi (m)	[bábi]
padres (m pl)	prindër (pl)	[príndər]
niño -a (m, f)	fëmijë (f)	[fəmíjə]
niños (m pl)	fëmijë (pl)	[fəmíjə]
abuela (f)	gjyshe (f)	[ɟýʃɛ]
abuelo (m)	gjysh (m)	[ɟyʃ]

nieto (m)	nip (m)	[nip]
nieta (f)	mbesë (f)	[mbésə]
nietos (m pl)	nipër e mbesa (pl)	[nípər ɛ mbésa]

tío (m)	dajë (f)	[dájə]
tía (f)	teze (f)	[tézɛ]
sobrino (m)	nip (m)	[nip]
sobrina (f)	mbesë (f)	[mbésə]

suegra (f)	vjehrrë (f)	[vjéhrə]
suegro (m)	vjehrri (m)	[vjéhri]
yerno (m)	dhëndër (m)	[ðéndər]
madrastra (f)	njerkë (f)	[ɲérkə]
padrastro (m)	njerk (m)	[ɲérk]

niño (m) de pecho	foshnjë (f)	[fóʃnə]
bebé (m)	fëmijë (f)	[fəmíjə]
chico (m)	djalosh (m)	[djalóʃ]

mujer (f)	bashkëshorte (f)	[baʃkəʃórtɛ]
marido (m)	bashkëshort (m)	[baʃkəʃórt]
esposo (m)	bashkëshort (m)	[baʃkəʃórt]
esposa (f)	bashkëshorte (f)	[baʃkəʃórtɛ]

casado (adj)	i martuar	[i martúar]
casada (adj)	e martuar	[ɛ martúar]
soltero (adj)	beqar	[bɛcár]
soltero (m)	beqar (m)	[bɛcár]
divorciado (adj)	i divorcuar	[i divortsúar]
viuda (f)	vejushë (f)	[vɛjúʃə]
viudo (m)	vejan (m)	[vɛján]

pariente (m)	kushëri (m)	[kuʃərí]
pariente (m) cercano	kushëri i afërt (m)	[kuʃərí i áfərt]
pariente (m) lejano	kushëri i largët (m)	[kuʃərí i lárgət]
parientes (m pl)	kushërinj (pl)	[kuʃəríɲ]

huérfano (m)	jetim (m)	[jɛtím]
huérfana (f)	jetime (f)	[jɛtímɛ]
tutor (m)	kujdestar (m)	[kujdɛstár]
adoptar (un niño)	adoptoj	[adoptój]
adoptar (una niña)	adoptoj	[adoptój]

60. Los amigos. Los compañeros del trabajo

amigo (m)	mik (m)	[mik]
amiga (f)	mike (f)	[míkɛ]
amistad (f)	miqësi (f)	[micəsí]
ser amigo	të miqësohem	[tə micəsóhɛm]

amigote (m)	shok (m)	[ʃok]
amiguete (f)	shoqe (f)	[ʃócɛ]
compañero (m)	partner (m)	[partnér]
jefe (m)	shef (m)	[ʃɛf]

superior (m)	**epror** (m)	[ɛprór]
propietario (m)	**pronar** (m)	[pronár]
subordinado (m)	**vartës** (m)	[vártəs]
colega (m, f)	**koleg** (m)	[kolég]
conocido (m)	**i njohur** (m)	[i ɲóhur]
compañero (m) de viaje	**bashkudhëtar** (m)	[baʃkuðətár]
condiscípulo (m)	**shok klase** (m)	[ʃok klásɛ]
vecino (m)	**komshi** (m)	[komʃí]
vecina (f)	**komshike** (f)	[komʃíkɛ]
vecinos (m pl)	**komshinj** (pl)	[komʃíɲ]

EL CUERPO. LA MEDICINA

61. La cabeza

cabeza (f)	kokë (f)	[kókə]
cara (f)	fytyrë (f)	[fytýrə]
nariz (f)	hundë (f)	[húndə]
boca (f)	gojë (f)	[gójə]
ojo (m)	sy (m)	[sy]
ojos (m pl)	sytë	[sýtə]
pupila (f)	bebëz (f)	[bébəz]
ceja (f)	vetull (f)	[vétuɫ]
pestaña (f)	qerpik (m)	[cɛrpík]
párpado (m)	qepallë (f)	[cɛpáɫə]
lengua (f)	gjuhë (f)	[ɟúhə]
diente (m)	dhëmb (m)	[ðəmb]
labios (m pl)	buzë (f)	[búzə]
pómulos (m pl)	mollëza (f)	[móɫəza]
encía (f)	mishrat e dhëmbëve	[míʃrat ɛ ðəmbəvɛ]
paladar (m)	qiellzë (f)	[ciéɫzə]
ventanas (f pl)	vrimat e hundës (pl)	[vrímat ɛ húndəs]
mentón (m)	mjekër (f)	[mjékər]
mandíbula (f)	nofull (f)	[nófuɫ]
mejilla (f)	faqe (f)	[fácɛ]
frente (f)	ball (m)	[báɫ]
sien (f)	tëmth (m)	[təmθ]
oreja (f)	vesh (m)	[vɛʃ]
nuca (f)	zverk (m)	[zvɛrk]
cuello (m)	qafë (f)	[cáfə]
garganta (f)	fyt (m)	[fyt]
pelo, cabello (m)	flokë (pl)	[flókə]
peinado (m)	model flokësh (m)	[modél flókəʃ]
corte (m) de pelo	prerje flokësh (f)	[prérjɛ flókəʃ]
peluca (f)	paruke (f)	[parúkɛ]
bigote (m)	mustaqe (f)	[mustácɛ]
barba (f)	mjekër (f)	[mjékər]
tener (~ la barba)	lë mjekër	[lə mjékər]
trenza (f)	gërshet (m)	[gərʃét]
patillas (f pl)	baseta (f)	[baséta]
pelirrojo (adj)	flokëkuqe	[flokəkúcɛ]
gris, canoso (adj)	thinja	[θíɲa]
calvo (adj)	qeros	[cɛrós]
calva (f)	tullë (f)	[túɫə]

| cola (f) de caballo | bishtalec (m) | [biʃtaléts] |
| flequillo (m) | balluke (f) | [batúkɛ] |

62. El cuerpo

| mano (f) | dorë (f) | [dórə] |
| brazo (m) | krah (m) | [krah] |

dedo (m)	gisht i dorës (m)	[gíʃt i dórəs]
dedo (m) del pie	gisht i këmbës (m)	[gíʃt i kémbəs]
dedo (m) pulgar	gishti i madh (m)	[gíʃti i máð]
dedo (m) meñique	gishti i vogël (m)	[gíʃti i vógəl]
uña (f)	thua (f)	[θúa]

puño (m)	grusht (m)	[grúʃt]
palma (f)	pëllëmbë dore (f)	[pətémbə dórɛ]
muñeca (f)	kyç (m)	[kytʃ]
antebrazo (m)	parakrah (m)	[parakráh]
codo (m)	bërryl (m)	[bərýl]
hombro (m)	shpatull (f)	[ʃpátut]

pierna (f)	këmbë (f)	[kémbə]
planta (f)	shputë (f)	[ʃpútə]
rodilla (m)	gju (m)	[ɟú]
pantorrilla (f)	pulpë (f)	[púlpə]
cadera (f)	ijë (f)	[íjə]
talón (m)	thembër (f)	[θémbər]

cuerpo (m)	trup (m)	[trup]
vientre (m)	stomak (m)	[stomák]
pecho (m)	kraharor (m)	[kraharór]
seno (m)	gjoks (m)	[ɟóks]
lado (m), costado (m)	krah (m)	[krah]
espalda (f)	kurriz (m)	[kuríz]
zona (f) lumbar	fundshpina (f)	[fundʃpína]
cintura (f), talle (m)	beli (m)	[béli]

ombligo (m)	kërthizë (f)	[kərθízə]
nalgas (f pl)	vithe (f)	[víθɛ]
trasero (m)	prapanica (f)	[prapanítsa]

lunar (m)	nishan (m)	[niʃán]
marca (f) de nacimiento	shenjë lindjeje (f)	[ʃéɲə líndjɛjɛ]
tatuaje (m)	tatuazh (m)	[tatuáʒ]
cicatriz (f)	shenjë (f)	[ʃéɲə]

63. Las enfermedades

enfermedad (f)	sëmundje (f)	[səmúndjɛ]
estar enfermo	jam sëmurë	[jam səmúrə]
salud (f)	shëndet (m)	[ʃəndét]
resfriado (m) (coriza)	rrifë (f)	[rífə]

angina (f)	grykët (m)	[grýkət]
resfriado (m)	ftohje (f)	[ftóhjɛ]
resfriarse (vr)	ftohem	[ftóhɛm]

bronquitis (f)	bronkit (m)	[bronkít]
pulmonía (f)	pneumoni (f)	[pnɛumoní]
gripe (f)	grip (m)	[grip]

miope (adj)	miop	[mióp]
présbita (adj)	presbit	[prɛsbít]
estrabismo (m)	strabizëm (m)	[strabízəm]
estrábico (m) (adj)	strabik	[strabík]
catarata (f)	katarakt (m)	[katarákt]
glaucoma (f)	glaukoma (f)	[glaukóma]

insulto (m)	goditje (f)	[godítjɛ]
ataque (m) cardiaco	sulm në zemër (m)	[sulm nə zémər]
infarto (m) de miocardio	infarkt miokardiak (m)	[infárkt miokardiák]
parálisis (f)	paralizë (f)	[paralízə]
paralizar (vt)	paralizoj	[paralizój]

alergia (f)	alergji (f)	[alɛrɟí]
asma (f)	astmë (f)	[ástmə]
diabetes (m)	diabet (m)	[diabét]

| dolor (m) de muelas | dhimbje dhëmbi (f) | [ðímbjɛ ðə́mbi] |
| caries (f) | karies (m) | [kariés] |

diarrea (f)	diarre (f)	[diaré]
estreñimiento (m)	kapsllëk (m)	[kapsłə́k]
molestia (f) estomacal	dispepsi (f)	[dispɛpsí]
envenenamiento (m)	helmim (m)	[hɛlmím]
envenenarse (vr)	helmohem nga ushqimi	[hɛlmóhɛm ŋa uʃcími]

artritis (f)	artrit (m)	[artrít]
raquitismo (m)	rakit (m)	[rakít]
reumatismo (m)	reumatizëm (m)	[rɛumatízəm]
ateroesclerosis (f)	arteriosklerozë (f)	[artɛriosklɛrózə]

gastritis (f)	gastrit (m)	[gastrít]
apendicitis (f)	apendicit (m)	[apɛnditsít]
colecistitis (m)	kolecistit (m)	[kolɛtsistít]
úlcera (f)	ulcerë (f)	[ultsérə]

sarampión (m)	fruth (m)	[fruθ]
rubeola (f)	rubeola (f)	[rubɛóla]
ictericia (f)	verdhëza (f)	[vérðəza]
hepatitis (f)	hepatit (m)	[hɛpatít]

esquizofrenia (f)	skizofreni (f)	[skizofrɛní]
rabia (f) (hidrofobia)	sëmundje e tërbimit (f)	[səmúndjɛ ɛ tərbímit]
neurosis (f)	neurozë (f)	[nɛurózə]
conmoción (m) cerebral	tronditje (f)	[trondítjɛ]

| cáncer (m) | kancer (m) | [kantsér] |
| esclerosis (f) | sklerozë (f) | [sklɛrózə] |

esclerosis (m) múltiple	sklerozë e shumëfishtë (f)	[sklɛrózə ɛ ʃuməfíʃtə]
alcoholismo (m)	alkoolizëm (m)	[alkoolízəm]
alcohólico (m)	alkoolik (m)	[alkoolík]
sífilis (f)	sifiliz (m)	[sifilíz]
SIDA (f)	SIDA (f)	[sída]

tumor (m)	tumor (m)	[tumór]
maligno (adj)	malinj	[malíɲ]
benigno (adj)	beninj	[bɛníɲ]

fiebre (f)	ethe (f)	[éθɛ]
malaria (f)	malarie (f)	[malaríɛ]
gangrena (f)	gangrenë (f)	[gaɲrénə]
mareo (m)	sëmundje deti (f)	[səmúndjɛ déti]
epilepsia (f)	epilepsi (f)	[ɛpilɛpsí]

epidemia (f)	epidemi (f)	[ɛpidɛmí]
tifus (m)	tifo (f)	[tífo]
tuberculosis (f)	tuberkuloz (f)	[tubɛrkulóz]
cólera (f)	kolerë (f)	[kolérə]
peste (f)	murtaja (f)	[murtája]

64. Los síntomas. Los tratamientos. Unidad 1

síntoma (m)	simptomë (f)	[simptómə]
temperatura (f)	temperaturë (f)	[tɛmpɛratúrə]
fiebre (f)	temperaturë e lartë (f)	[tɛmpɛratúrə ɛ lártə]
pulso (m)	puls (m)	[puls]

mareo (m) (vértigo)	marrje mendsh (m)	[márjɛ méndʃ]
caliente (adj)	i nxehtë	[i ndzéhtə]
escalofrío (m)	drithërima (f)	[driθəríma]
pálido (adj)	i zbehur	[i zbéhur]

tos (f)	kollë (f)	[kółə]
toser (vi)	kollitem	[kołítɛm]
estornudar (vi)	teshtij	[tɛʃtíj]
desmayo (m)	të fikët (f)	[tə fíkət]
desmayarse (vr)	bie të fikët	[bíɛ tə fíkət]

moradura (f)	mavijosje (f)	[mavijósjɛ]
chichón (m)	gungë (f)	[gúŋə]
golpearse (vr)	godas	[godás]
magulladura (f)	lëndim (m)	[ləndím]
magullarse (vr)	lëndohem	[ləndóhɛm]

cojear (vi)	çaloj	[tʃalój]
dislocación (f)	dislokim (m)	[dislokím]
dislocar (vt)	del nga vendi	[dɛl ŋa véndi]
fractura (f)	thyerje (f)	[θýɛrjɛ]
tener una fractura	thyej	[θýɛj]

| corte (m) (tajo) | e prerë (f) | [ɛ prérə] |
| cortarse (vr) | pres veten | [prɛs vétɛn] |

hemorragia (f)	rrjedhje gjaku (f)	[rjéðjɛ ɉáku]
quemadura (f)	djegie (f)	[djégiɛ]
quemarse (vr)	digjem	[díɉɛm]

pincharse (el dedo)	shpoj	[ʃpoj]
pincharse (vr)	shpohem	[ʃpóhɛm]
herir (vt)	dëmtoj	[dəmtój]
herida (f)	dëmtim (m)	[dəmtím]
lesión (f) (herida)	plagë (f)	[pláɡə]
trauma (m)	traumë (f)	[traúmə]

delirar (vi)	fol përçart	[fól pərtʃárt]
tartamudear (vi)	belbëzoj	[bɛlbəzój]
insolación (f)	pikë e diellit (f)	[píkə ɛ diéɫit]

65. Los síntomas. Los tratamientos. Unidad 2

dolor (m)	dhimbje (f)	[ðímbjɛ]
astilla (f)	cifël (f)	[tsífəl]

sudor (m)	djersë (f)	[djérsə]
sudar (vi)	djersij	[djɛrsíj]
vómito (m)	të vjella (f)	[tə vjéɫa]
convulsiones (f)	konvulsione (f)	[konvulsiónɛ]

embarazada (adj)	shtatzënë	[ʃtatzénə]
nacer (vi)	lind	[lind]
parto (m)	lindje (f)	[líndjɛ]
dar a luz	sjell në jetë	[sjɛɫ nə jétə]
aborto (m)	abort (m)	[abórt]

respiración (f)	frymëmarrje (f)	[fryməmárjɛ]
inspiración (f)	mbajtje e frymës (f)	[mbájtjɛ ɛ frýməs]
espiración (f)	lëshim i frymës (m)	[ləʃím i frýməs]
espirar (vi)	nxjerr frymën	[ndzjér frýmən]
inspirar (vi)	marr frymë	[mar frýmə]

inválido (m)	invalid (m)	[invalíd]
mutilado (m)	i gjymtuar (m)	[i ɉymtúar]
drogadicto (m)	narkoman (m)	[narkomán]

sordo (adj)	shurdh	[ʃurð]
mudo (adj)	memec	[mɛméts]
sordomudo (adj)	shurdh-memec	[ʃurð-mɛméts]

loco (adj)	i marrë	[i márə]
loco (m)	i çmendur (m)	[i tʃméndur]
loca (f)	e çmendur (f)	[ɛ tʃméndur]
volverse loco	çmendem	[tʃméndɛm]

gen (m)	gen (m)	[ɡɛn]
inmunidad (f)	imunitet (m)	[imunitét]
hereditario (adj)	e trashëguar	[ɛ traʃəɡúar]
de nacimiento (adj)	e lindur	[ɛ líndur]

virus (m)	virus (m)	[virús]
microbio (m)	mikrob (m)	[mikrób]
bacteria (f)	bakterie (f)	[baktérię]
infección (f)	infeksion (m)	[infęksión]

66. Los síntomas. Los tratamientos. Unidad 3

| hospital (m) | spital (m) | [spitál] |
| paciente (m) | pacient (m) | [patsiént] |

diagnosis (f)	diagnozë (f)	[diagnózə]
cura (f)	kurë (f)	[kúrə]
tratamiento (m)	trajtim mjekësor (m)	[trajtím mjękəsór]
curarse (vr)	kurohem	[kuróhęm]
tratar (vt)	kuroj	[kurój]
cuidar (a un enfermo)	kujdesem	[kujdésęm]
cuidados (m pl)	kujdes (m)	[kujdés]

operación (f)	operacion (m)	[opęratsión]
vendar (vt)	fashoj	[faʃój]
vendaje (m)	fashim (m)	[faʃím]

vacunación (f)	vaksinim (m)	[vaksiním]
vacunar (vt)	vaksinoj	[vaksinój]
inyección (f)	injeksion (m)	[iɲęksión]
aplicar una inyección	bëj injeksion	[bəj iɲęksíon]

ataque (m)	atak (m)	[aták]
amputación (f)	amputim (m)	[amputím]
amputar (vt)	amputoj	[amputój]
coma (m)	komë (f)	[kómə]
estar en coma	jam në komë	[jam nə kómə]
revitalización (f)	kujdes intensiv (m)	[kujdés intęnsív]

recuperarse (vr)	shërohem	[ʃəróhęm]
estado (m) (de salud)	gjendje (f)	[ɟéndję]
consciencia (f)	vetëdije (f)	[vętədíję]
memoria (f)	kujtesë (f)	[kujtésə]

extraer (un diente)	heq	[hęc]
empaste (m)	mbushje (f)	[mbúʃję]
empastar (vt)	mbush	[mbúʃ]

| hipnosis (f) | hipnozë (f) | [hipnózə] |
| hipnotizar (vt) | hipnotizim | [hipnotizím] |

67. La medicina. Las drogas. Los accesorios

medicamento (m), droga (f)	ilaç (m)	[ilátʃ]
remedio (m)	mjekim (m)	[mjękím]
prescribir (vt)	shkruaj recetë	[ʃkrúaj rętsétə]
receta (f)	recetë (f)	[rętsétə]

tableta (f)	**pilulë** (f)	[pilúlə]
ungüento (m)	**krem** (m)	[krɛm]
ampolla (f)	**ampulë** (f)	[ampúlə]
mixtura (f), mezcla (f)	**përzierje** (f)	[pərzíɛrjɛ]
sirope (m)	**shurup** (m)	[ʃurúp]
píldora (f)	**pilulë** (f)	[pilúlə]
polvo (m)	**pudër** (f)	[púdər]
venda (f)	**fashë garze** (f)	[faʃə gárzɛ]
algodón (m) (discos de ~)	**pambuk** (m)	[pambúk]
yodo (m)	**jod** (m)	[jod]
tirita (f), curita (f)	**leukoplast** (m)	[lɛukoplást]
pipeta (f)	**pikatore** (f)	[pikatórɛ]
termómetro (m)	**termometër** (m)	[tɛrmométər]
jeringa (f)	**shiringë** (f)	[ʃiríŋə]
silla (f) de ruedas	**karrocë me rrota** (f)	[karótsə mɛ róta]
muletas (f pl)	**paterica** (f)	[patɛrítsa]
anestésico (m)	**qetësues** (m)	[cɛtəsúɛs]
purgante (m)	**laksativ** (m)	[laksatív]
alcohol (m)	**alkool dezinfektues** (m)	[alkoól dɛzinfɛktúɛs]
hierba (f) medicinal	**bimë mjekësore** (f)	[bímə mjɛkəsórɛ]
de hierbas (té ~)	**çaj bimor**	[tʃáj bimór]

EL APARTAMENTO

68. El apartamento

apartamento (m)	apartament (m)	[apartamént]
habitación (f)	dhomë (f)	[ðómə]
dormitorio (m)	dhomë gjumi (f)	[ðómə ɟúmi]
comedor (m)	dhomë ngrënie (f)	[ðómə ŋrəníɛ]
salón (m)	dhomë ndeje (f)	[ðómə ndéjɛ]
despacho (m)	dhomë pune (f)	[ðómə púnɛ]
antecámara (f)	hyrje (f)	[hýɾjɛ]
cuarto (m) de baño	banjo (f)	[báɲo]
servicio (m)	tualet (m)	[tualét]
techo (m)	tavan (m)	[taván]
suelo (m)	dysheme (f)	[dyʃɛmé]
rincón (m)	qoshe (f)	[cóʃɛ]

69. Los muebles. El interior

muebles (m pl)	orendi (f)	[orɛndí]
mesa (f)	tryezë (f)	[tryézə]
silla (f)	karrige (f)	[karígɛ]
cama (f)	shtrat (m)	[ʃtrat]
sofá (m)	divan (m)	[diván]
sillón (m)	kolltuk (m)	[koɫtúk]
librería (f)	raft librash (m)	[ráft líbraʃ]
estante (m)	sergjen (m)	[sɛɾɟén]
armario (m)	gardërobë (f)	[gardəróbə]
percha (f)	varëse (f)	[várəsɛ]
perchero (m) de pie	varëse xhaketash (f)	[várəsɛ dʒakétaʃ]
cómoda (f)	komodë (f)	[komódə]
mesa (f) de café	tryezë e ulët (f)	[tryézə ɛ úlət]
espejo (m)	pasqyrë (f)	[pascýrə]
tapiz (m)	qilim (m)	[cilím]
alfombra (f)	tapet (m)	[tapét]
chimenea (f)	oxhak (m)	[odʒák]
candela (f)	qiri (m)	[círi]
candelero (m)	shandan (m)	[ʃandán]
cortinas (f pl)	perde (f)	[pérdɛ]
empapelado (m)	tapiceri (f)	[tapitsɛrí]

estor (m) de láminas	grila (f)	[gríla]
lámpara (f) de mesa	llambë tavoline (f)	[ɫámbə tavolínɛ]
candil (m)	llambadar muri (m)	[ɫambadár múri]
lámpara (f) de pie	llambadar (m)	[ɫambadár]
lámpara (f) de araña	llambadar (m)	[ɫambadár]
pata (f) (~ de la mesa)	këmbë (f)	[kámbə]
brazo (m)	mbështetëse krahu (f)	[mbəʃtétəsɛ kráhu]
espaldar (m)	mbështetëse (f)	[mbəʃtétəsɛ]
cajón (m)	sirtar (m)	[sirtár]

70. Los accesorios de la cama

ropa (f) de cama	çarçafë (pl)	[tʃartʃáfə]
almohada (f)	jastëk (m)	[jasték]
funda (f)	këllëf jastëku (m)	[kəɫə́f jastéku]
manta (f)	jorgan (m)	[jorgán]
sábana (f)	çarçaf (m)	[tʃartʃáf]
sobrecama (f)	mbulesë (f)	[mbulésə]

71. La cocina

cocina (f)	kuzhinë (f)	[kuʒínə]
gas (m)	gaz (m)	[gaz]
cocina (f) de gas	sobë me gaz (f)	[sóbə mɛ gaz]
cocina (f) eléctrica	sobë elektrike (f)	[sóbə ɛlɛktríkɛ]
horno (m)	furrë (f)	[fúrə]
horno (m) microondas	mikrovalë (f)	[mikroválə]
frigorífico (m)	frigorifer (m)	[frigorifér]
congelador (m)	frigorifer (m)	[frigorifér]
lavavajillas (m)	pjatalarëse (f)	[pjatalárəsɛ]
picadora (f) de carne	grirëse mishi (f)	[grírəsɛ míʃi]
exprimidor (m)	shtrydhëse frutash (f)	[ʃtrýðəsɛ frútaʃ]
tostador (m)	toster (m)	[tostér]
batidora (f)	mikser (m)	[miksér]
cafetera (f) (aparato de cocina)	makinë kafeje (f)	[makínə kaféjɛ]
cafetera (f) (para servir)	kafetierë (f)	[kafɛtiérə]
molinillo (m) de café	mulli kafeje (f)	[muɫí káfɛjɛ]
hervidor (m) de agua	çajnik (m)	[tʃajník]
tetera (f)	çajnik (m)	[tʃajník]
tapa (f)	kapak (m)	[kapák]
colador (m) de té	sitë çaji (f)	[sítə tʃáji]
cuchara (f)	lugë (f)	[lúgə]
cucharilla (f)	lugë çaji (f)	[lúgə tʃáji]
cuchara (f) de sopa	lugë gjelle (f)	[lúgə ɟétɛ]
tenedor (m)	pirun (m)	[pirún]

cuchillo (m)	thikë (f)	[θíkə]
vajilla (f)	enë kuzhine (f)	[énə kuʒínɛ]
plato (m)	pjatë (f)	[pjátə]
platillo (m)	pjatë filxhani (f)	[pjátə fildʒáni]

vaso (m) de chupito	potir (m)	[potír]
vaso (m) (~ de agua)	gotë (f)	[gótə]
taza (f)	filxhan (m)	[fildʒán]

azucarera (f)	tas për sheqer (m)	[tas pər ʃɛcér]
salero (m)	kripore (f)	[kripórɛ]
pimentero (m)	enë piperi (f)	[énə pipéri]
mantequera (f)	pjatë gjalpi (f)	[pjátə ɟálpi]

cacerola (f)	tenxhere (f)	[tɛndʒérɛ]
sartén (f)	tigan (m)	[tigán]
cucharón (m)	garuzhdë (f)	[garúʒdə]
colador (m)	kullesë (f)	[kuɫésə]
bandeja (f)	tabaka (f)	[tabaká]

botella (f)	shishe (f)	[ʃíʃɛ]
tarro (m) de vidrio	kavanoz (m)	[kavanóz]
lata (f) de hojalata	kanoçe (f)	[kanótʃɛ]

abrebotellas (m)	hapëse shishesh (f)	[hapəsé ʃíʃɛʃ]
abrelatas (m)	hapëse kanoçesh (f)	[hapəsé kanótʃɛʃ]
sacacorchos (m)	turjelë tapash (f)	[turjélə tápaʃ]
filtro (m)	filtër (m)	[fíltər]
filtrar (vt)	filtroj	[filtrój]

| basura (f) | pleh (m) | [plɛh] |
| cubo (m) de basura | kosh plehrash (m) | [koʃ pléhraʃ] |

72. El baño

cuarto (m) de baño	banjo (f)	[báɲo]
agua (f)	ujë (m)	[újə]
grifo (m)	rubinet (m)	[rubinét]
agua (f) caliente	ujë i nxehtë (f)	[újə i ndzéhtə]
agua (f) fría	ujë i ftohtë (f)	[újə i ftóhtə]

pasta (f) de dientes	pastë dhëmbësh (f)	[pástə ðémbəʃ]
limpiarse los dientes	laj dhëmbët	[laj ðémbət]
cepillo (m) de dientes	furçë dhëmbësh (f)	[fúrtʃə ðémbəʃ]

afeitarse (vr)	rruhem	[rúhɛm]
espuma (f) de afeitar	shkumë rroje (f)	[ʃkumə rójɛ]
maquinilla (f) de afeitar	brisk (m)	[brísk]

lavar (vt)	laj duart	[laj dúart]
darse un baño	lahem	[láhɛm]
ducha (f)	dush (m)	[duʃ]
darse una ducha	bëj dush	[bəj dúʃ]
baño (m)	vaskë (f)	[váskə]

| inodoro (m) | tualet (m) | [tualét] |
| lavabo (m) | lavaman (m) | [lavamán] |

| jabón (m) | sapun (m) | [sapún] |
| jabonera (f) | pjatë sapuni (f) | [pjátə sapúni] |

esponja (f)	sfungjer (m)	[sfunɟér]
champú (m)	shampo (f)	[ʃampó]
toalla (f)	peshqir (m)	[pɛʃcír]
bata (f) de baño	peshqir trupi (m)	[pɛʃcír trúpi]

colada (f), lavado (m)	larje (f)	[lárjɛ]
lavadora (f)	makinë larëse (f)	[makínə lárəsɛ]
lavar la ropa	laj rroba	[laj róba]
detergente (m) en polvo	detergjent (m)	[dɛtɛrɟént]

73. Los aparatos domésticos

televisor (m)	televizor (m)	[tɛlɛvizór]
magnetófono (m)	inçizues me shirit (m)	[intʃizúɛs mɛ ʃirít]
vídeo (m)	video regjistrues (m)	[vídɛo rɛɟistrúɛs]
radio (f)	radio (f)	[rádio]
reproductor (m) (~ MP3)	kasetofon (m)	[kasɛtofón]

proyector (m) de vídeo	projektor (m)	[projɛktór]
sistema (m) home cinema	kinema shtëpie (f)	[kinɛmá ʃtəpíɛ]
reproductor (m) de DVD	DVD player (m)	[dividí plɛjər]
amplificador (m)	amplifikator (m)	[amplifikatór]
videoconsola (f)	konsol video loje (m)	[konsól vídɛo lójɛ]

cámara (f) de vídeo	videokamerë (f)	[vidɛokamérə]
cámara (f) fotográfica	aparat fotografik (m)	[aparát fotografík]
cámara (f) digital	kamerë digjitale (f)	[kamérə diɟitálɛ]

aspirador (m)	fshesë elektrike (f)	[fʃésə ɛlɛktríkɛ]
plancha (f)	hekur (m)	[hékur]
tabla (f) de planchar	tryezë për hekurosje (f)	[tryézə pər hɛkurósjɛ]

teléfono (m)	telefon (m)	[tɛlɛfón]
teléfono (m) móvil	celular (m)	[tsɛlulár]
máquina (f) de escribir	makinë shkrimi (f)	[makínə ʃkrími]
máquina (f) de coser	makinë qepëse (f)	[makínə cépəsɛ]

micrófono (m)	mikrofon (m)	[mikrofón]
auriculares (m pl)	kufje (f)	[kúfjɛ]
mando (m) a distancia	telekomandë (f)	[tɛlɛkomándə]

CD (m)	CD (f)	[tsɛdé]
casete (m)	kasetë (f)	[kasétə]
disco (m) de vinilo	pllakë gramafoni (f)	[pɬákə gramafóni]

LA TIERRA. EL TIEMPO

74. El espacio

cosmos (m)	hapësirë (f)	[hapəsírə]
espacial, cósmico (adj)	hapësinor	[hapəsinór]
espacio (m) cósmico	kozmos (m)	[kozmós]
mundo (m)	botë (f)	[bótə]
universo (m)	univers	[univérs]
galaxia (f)	galaksi (f)	[galaksí]
estrella (f)	yll (m)	[yɫ]
constelación (f)	yllësi (f)	[yɫəsí]
planeta (m)	planet (m)	[planét]
satélite (m)	satelit (m)	[satɛlít]
meteorito (m)	meteor (m)	[mɛtɛór]
cometa (f)	kometë (f)	[kométə]
asteroide (m)	asteroid (m)	[astɛroíd]
órbita (f)	orbitë (f)	[orbítə]
girar (vi)	rrotullohet	[rotuɫóhɛt]
atmósfera (f)	atmosferë (f)	[atmosférə]
Sol (m)	Dielli (m)	[diéɫi]
Sistema (m) Solar	sistemi diellor (m)	[sistémi diɛɫór]
eclipse (m) de Sol	eklips diellor (m)	[ɛklíps diɛɫór]
Tierra (f)	Toka (f)	[tóka]
Luna (f)	Hëna (f)	[héna]
Marte (m)	Marsi (m)	[mársi]
Venus (f)	Venera (f)	[vɛnéra]
Júpiter (m)	Jupiteri (m)	[jupitéri]
Saturno (m)	Saturni (m)	[satúrni]
Mercurio (m)	Merkuri (m)	[mɛrkúri]
Urano (m)	Urani (m)	[uráni]
Neptuno (m)	Neptuni (m)	[nɛptúni]
Plutón (m)	Pluto (f)	[plúto]
la Vía Láctea	Rruga e Qumështit (f)	[rúga ɛ cúməʃtit]
la Osa Mayor	Arusha e Madhe (f)	[arúʃa ɛ máðɛ]
la Estrella Polar	ylli i Veriut (m)	[ýɫi i vériut]
marciano (m)	Marsian (m)	[marsián]
extraterrestre (m)	jashtëtokësor (m)	[jaʃtətokəsór]
planetícola (m)	alien (m)	[alién]

platillo (m) volante	disk fluturues (m)	[dísk fluturúɛs]
nave (f) espacial	anije kozmike (f)	[aníjɛ kozmíkɛ]
estación (f) orbital	stacion kozmik (m)	[statsión kozmík]
despegue (m)	ngritje (f)	[ŋrítjɛ]

motor (m)	motor (m)	[motór]
tobera (f)	dizë (f)	[dízə]
combustible (m)	karburant (m)	[karburánt]

| carlinga (f) | kabinë pilotimi (f) | [kabínə pilotími] |
| antena (f) | antenë (f) | [anténə] |

ventana (f)	dritare anësore (f)	[dritárɛ anəsórɛ]
batería (f) solar	panel solar (m)	[panél solár]
escafandra (f)	veshje astronauti (f)	[véʃjɛ astronáuti]

| ingravidez (f) | mungesë graviteti (f) | [muŋésə gravitéti] |
| oxígeno (m) | oksigjen (m) | [oksiɟén] |

| atraque (m) | ndërlidhje në hapësirë (f) | [ndərlíðjɛ nə hapəsírə] |
| realizar el atraque | stacionohem | [statsionóhɛm] |

| observatorio (m) | observator (m) | [obsɛrvatór] |
| telescopio (m) | teleskop (m) | [tɛlɛskóp] |

| observar (vt) | vëzhgoj | [vəʒgój] |
| explorar (~ el universo) | eksploroj | [ɛksplorój] |

75. La tierra

Tierra (f)	Toka (f)	[tóka]
globo (m) terrestre	globi (f)	[glóbi]
planeta (m)	planet (m)	[planét]

atmósfera (f)	atmosferë (f)	[atmosférə]
geografía (f)	gjeografi (f)	[ɟɛografí]
naturaleza (f)	natyrë (f)	[natýrə]

globo (m) terráqueo	glob (m)	[glob]
mapa (m)	hartë (f)	[hártə]
atlas (m)	atlas (m)	[atlás]

| Europa (f) | Evropa (f) | [ɛvrópa] |
| Asia (f) | Azia (f) | [azía] |

| África (f) | Afrika (f) | [afríka] |
| Australia (f) | Australia (f) | [australía] |

América (f)	Amerika (f)	[amɛríka]
América (f) del Norte	Amerika Veriore (f)	[amɛríka vɛriórɛ]
América (f) del Sur	Amerika Jugore (f)	[amɛríka jugórɛ]

| Antártida (f) | Antarktika (f) | [antarktíka] |
| Ártico (m) | Arktiku (m) | [arktíku] |

76. Los puntos cardinales

norte (m)	veri (m)	[vɛrí]
al norte	drejt veriut	[dréjt vériut]
en el norte	në veri	[nə vɛrí]
del norte (adj)	verior	[vɛriór]
sur (m)	jug (m)	[jug]
al sur	drejt jugut	[dréjt júgut]
en el sur	në jug	[nə jug]
del sur (adj)	jugor	[jugór]
oeste (m)	perëndim (m)	[pɛrəndím]
al oeste	drejt perëndimit	[dréjt pɛrəndímit]
en el oeste	në perëndim	[nə pɛrəndím]
del oeste (adj)	perëndimor	[pɛrəndimór]
este (m)	lindje (f)	[líndjɛ]
al este	drejt lindjes	[dréjt líndjɛs]
en el este	në lindje	[nə líndjɛ]
del este (adj)	lindor	[lindór]

77. El mar. El océano

mar (m)	det (m)	[dét]
océano (m)	oqean (m)	[ocɛán]
golfo (m)	gji (m)	[ɟi]
estrecho (m)	ngushticë (f)	[ŋuʃtítsə]
tierra (f) firme	tokë (f)	[tókə]
continente (m)	kontinent (m)	[kontinént]
isla (f)	ishull (m)	[íʃuɫ]
península (f)	gadishull (m)	[gadíʃuɫ]
archipiélago (m)	arkipelag (m)	[arkipɛlág]
bahía (f)	gji (m)	[ɟi]
puerto (m)	port (m)	[port]
laguna (f)	lagunë (f)	[lagúnə]
cabo (m)	kep (m)	[kɛp]
atolón (m)	atol (m)	[atól]
arrecife (m)	shkëmb nënujor (m)	[ʃkəmb nənujór]
coral (m)	koral (m)	[korál]
arrecife (m) de coral	korale nënujorë (f)	[korálɛ nənujórə]
profundo (adj)	i thellë	[i θéɫə]
profundidad (f)	thellësi (f)	[θɛɫəsí]
abismo (m)	humnerë (f)	[humnérə]
fosa (f) oceánica	hendek (m)	[hɛndék]
corriente (f)	rrymë (f)	[rýmə]
bañar (rodear)	rrethohet	[rɛθóhɛt]

| orilla (f) | breg (m) | [brɛg] |
| costa (f) | bregdet (m) | [brɛgdét] |

flujo (m)	batica (f)	[batítsa]
reflujo (m)	zbaticë (f)	[zbatítsə]
banco (m) de arena	cekëtinë (f)	[tsɛkətínə]
fondo (m)	fund i detit (m)	[fúnd i détit]

ola (f)	dallgë (f)	[dáɫgə]
cresta (f) de la ola	kreshtë (f)	[kréʃtə]
espuma (f)	shkumë (f)	[ʃkúmə]

tempestad (f)	stuhi (f)	[stuhí]
huracán (m)	uragan (m)	[uragán]
tsunami (m)	cunam (m)	[tsunám]
bonanza (f)	qetësi (f)	[cɛtəsí]
calmo, tranquilo	i qetë	[i céta]

| polo (m) | pol (m) | [pol] |
| polar (adj) | polar | [polár] |

latitud (f)	gjerësi (f)	[ɟɛrəsí]
longitud (f)	gjatësi (f)	[ɟatəsí]
paralelo (m)	paralele (f)	[paralélɛ]
ecuador (m)	ekuator (m)	[ɛkuatór]

cielo (m)	qiell (m)	[cíɛɫ]
horizonte (m)	horizont (m)	[horizónt]
aire (m)	ajër (m)	[ájər]

faro (m)	fanar (m)	[fanár]
bucear (vi)	zhytem	[ʒýtɛm]
hundirse (vr)	fundosje	[fundósjɛ]
tesoros (m pl)	thesare (pl)	[θɛsárɛ]

78. Los nombres de los mares y los océanos

océano (m) Atlántico	Oqeani Atlantik (m)	[ocɛáni atlantík]
océano (m) Índico	Oqeani Indian (m)	[ocɛáni indián]
océano (m) Pacífico	Oqeani Paqësor (m)	[ocɛáni pacəsór]
océano (m) Glacial Ártico	Oqeani Arktik (m)	[ocɛáni arktík]

mar (m) Negro	Deti i Zi (m)	[déti i zí]
mar (m) Rojo	Deti i Kuq (m)	[déti i kúc]
mar (m) Amarillo	Deti i Verdhë (m)	[déti i vérðə]
mar (m) Blanco	Deti i Bardhë (m)	[déti i bárðə]

mar (m) Caspio	Deti Kaspik (m)	[déti kaspík]
mar (m) Muerto	Deti i Vdekur (m)	[déti i vdékur]
mar (m) Mediterráneo	Deti Mesdhe (m)	[déti mɛsðé]

mar (m) Egeo	Deti Egje (m)	[déti ɛɟé]
mar (m) Adriático	Deti Adriatik (m)	[déti adriatík]
mar (m) Arábigo	Deti Arab (m)	[déti aráb]

mar (m) del Japón	Deti i Japonisë (m)	[déti i japonísə]
mar (m) de Bering	Deti Bering (m)	[déti bériŋ]
mar (m) de la China Meridional	Deti i Kinës Jugore (m)	[déti i kínəs jugórɛ]
mar (m) del Coral	Deti Koral (m)	[déti korál]
mar (m) de Tasmania	Deti Tasman (m)	[déti tasmán]
mar (m) Caribe	Deti i Karaibeve (m)	[déti i karaíbɛvɛ]
mar (m) de Barents	Deti Barents (m)	[déti barénts]
mar (m) de Kara	Deti Kara (m)	[déti kára]
mar (m) del Norte	Deti i Veriut (m)	[déti i vériut]
mar (m) Báltico	Deti Baltik (m)	[déti baltík]
mar (m) de Noruega	Deti Norvegjez (m)	[déti norvɛɟéz]

79. Las montañas

montaña (f)	mal (m)	[mal]
cadena (f) de montañas	vargmal (m)	[vargmál]
cresta (f) de montañas	kresht malor (m)	[kréʃt malór]
cima (f)	majë (f)	[májə]
pico (m)	maja më e lartë (f)	[mája mə ɛ lártə]
pie (m)	rrëza e malit (f)	[rəza ɛ málit]
cuesta (f)	shpat (m)	[ʃpat]
volcán (m)	vullkan (m)	[vuɬkán]
volcán (m) activo	vullkan aktiv (m)	[vuɬkán aktív]
volcán (m) apagado	vullkan i fjetur (m)	[vuɬkán i fjétur]
erupción (f)	shpërthim (m)	[ʃpərθím]
cráter (m)	krater (m)	[kratér]
magma (f)	magmë (f)	[mágmə]
lava (f)	llavë (f)	[ɬávə]
fundido (lava ~a)	i shkrirë	[i ʃkrírə]
cañón (m)	kanion (m)	[kanión]
desfiladero (m)	grykë (f)	[grýkə]
grieta (f)	çarje (f)	[tʃárjɛ]
precipicio (m)	humnerë (f)	[humnérə]
puerto (m) (paso)	kalim (m)	[kalím]
meseta (f)	pllajë (f)	[pɬájə]
roca (f)	shkëmb (m)	[ʃkəmb]
colina (f)	kodër (f)	[kódər]
glaciar (m)	akullnajë (f)	[akuɬnájə]
cascada (f)	ujëvarë (f)	[ujəvárə]
geiser (m)	gejzer (m)	[gɛjzér]
lago (m)	liqen (m)	[liɕén]
llanura (f)	fushë (f)	[fúʃə]
paisaje (m)	peizazh (m)	[pɛizáʒ]

eco (m)	jehonë (f)	[jɛhónə]
alpinista (m)	alpinist (m)	[alpiníst]
escalador (m)	alpinist shkëmbßinjsh (m)	[alpiníst ʃkəmbiɲʃ]
conquistar (vt)	pushtoj majën	[puʃtój májən]
ascensión (f)	ngjitje (f)	[ɲɟítjɛ]

80. Los nombres de las montañas

Alpes (m pl)	Alpet (pl)	[alpét]
Montblanc (m)	Montblanc (m)	[montblánk]
Pirineos (m pl)	Pirenejet (pl)	[pirɛnéjɛt]

Cárpatos (m pl)	Karpatet (m)	[karpátɛt]
Urales (m pl)	Malet Urale (pl)	[málɛt urálɛ]
Cáucaso (m)	Malet Kaukaze (pl)	[málɛt kaukázɛ]
Elbrus (m)	Mali Elbrus (m)	[máli ɛlbrús]

Altai (m)	Malet Altai (pl)	[málɛt altái]
Tian-Shan (m)	Tian Shani (m)	[tían ʃáni]
Pamir (m)	Malet e Pamirit (m)	[málɛt ɛ pamírit]
Himalayos (m pl)	Himalajet (pl)	[himalájɛt]
Everest (m)	Mali Everest (m)	[máli ɛvɛrést]

| Andes (m pl) | andet (pl) | [ándɛt] |
| Kilimanjaro (m) | Mali Kilimanxharo (m) | [máli kilimandʒáro] |

81. Los ríos

río (m)	lum (m)	[lum]
manantial (m)	burim (m)	[burím]
lecho (m) (curso de agua)	shtrat lumi (m)	[ʃtrat lúmi]
cuenca (f) fluvial	basen (m)	[basén]
desembocar en …	rrjedh …	[rjéð …]

| afluente (m) | derdhje (f) | [dérðjɛ] |
| ribera (f) | breg (m) | [brɛg] |

corriente (f)	rrymë (f)	[rýmə]
río abajo (adv)	rrjedhje e poshtme	[rjéðjɛ ɛ póʃtmɛ]
río arriba (adv)	rrjedhje e sipërme	[rjéðjɛ ɛ sípərmɛ]

inundación (f)	vërshim (m)	[vərʃím]
riada (f)	përmbytje (f)	[pərmbýtjɛ]
desbordarse (vr)	vërshon	[vərʃón]
inundar (vt)	përmbytet	[pərmbýtɛt]

| bajo (m) arenoso | cekëtinë (f) | [tsɛkətínə] |
| rápido (m) | rrjedhë (f) | [rjéðə] |

presa (f)	digë (f)	[dígə]
canal (m)	kanal (m)	[kanál]
lago (m) artificiale	rezervuar (m)	[rɛzɛrvuár]

esclusa (f)	pendë ujore (f)	[péndə ujórɛ]
cuerpo (m) de agua	plan hidrik (m)	[plan hidrík]
pantano (m)	kënetë (f)	[kənétə]
ciénaga (m)	moçal (m)	[motʃ ál]
remolino (m)	vorbull (f)	[vórbuɫ]
arroyo (m)	përrua (f)	[pərúa]
potable (adj)	i pijshëm	[i píjʃəm]
dulce (agua ~)	i freskët	[i fréskət]
hielo (m)	akull (m)	[ákuɫ]
helarse (el lago, etc.)	ngrihet	[ŋríhɛt]

82. Los nombres de los ríos

Sena (m)	Sena (f)	[séna]
Loira (m)	Loire (f)	[luar]
Támesis (m)	Temza (f)	[témza]
Rin (m)	Rajnë (m)	[rájnə]
Danubio (m)	Danubi (m)	[danúbi]
Volga (m)	Volga (f)	[vólga]
Don (m)	Doni (m)	[dóni]
Lena (m)	Lena (f)	[léna]
Río (m) Amarillo	Lumi i Verdhë (m)	[lúmi i vérðə]
Río (m) Azul	Jangce (f)	[jaŋtsé]
Mekong (m)	Mekong (m)	[mɛkóŋ]
Ganges (m)	Gang (m)	[gaŋ]
Nilo (m)	Lumi Nil (m)	[lúmi nil]
Congo (m)	Lumi Kongo (m)	[lúmi kóŋo]
Okavango (m)	Lumi Okavango (m)	[lúmi okaváŋo]
Zambeze (m)	Lumi Zambezi (m)	[lúmi zambézi]
Limpopo (m)	Lumi Limpopo (m)	[lúmi limpópo]
Misisipí (m)	Lumi Misisipi (m)	[lúmi misisípi]

83. El bosque

bosque (m)	pyll (m)	[pyɫ]
de bosque (adj)	pyjor	[pyjór]
espesura (f)	pyll i ngjeshur (m)	[pyɫ i nɉéʃur]
bosquecillo (m)	zabel (m)	[zabél]
claro (m)	lëndinë (f)	[ləndínə]
maleza (f)	pyllëz (m)	[pýɫəz]
matorral (m)	shkurre (f)	[ʃkúrɛ]
senda (f)	shteg (m)	[ʃtɛg]
barranco (m)	hon (m)	[hon]

árbol (m)	pemë (f)	[pémə]
hoja (f)	gjeth (m)	[ɟɛθ]
follaje (m)	gjethe (pl)	[ɟéθɛ]

caída (f) de hojas	rënie e gjetheve (f)	[rəníɛ ɛ ɟéθɛvɛ]
caer (las hojas)	bien	[bíɛn]
cima (f)	maje (f)	[májɛ]

rama (f)	degë (f)	[dégə]
rama (f) (gruesa)	degë (f)	[dégə]
brote (m)	syth (m)	[syθ]
aguja (f)	shtiza pishe (f)	[ʃtíza píʃɛ]
piña (f)	lule pishe (f)	[lúlɛ píʃɛ]

agujero (m)	zgavër (f)	[zgávər]
nido (m)	fole (f)	[folé]
madriguera (f)	strofull (f)	[strófuɫ]

tronco (m)	trung (m)	[truŋ]
raíz (f)	rrënjë (f)	[réɲə]
corteza (f)	lëvore (f)	[ləvórɛ]
musgo (m)	myshk (m)	[myʃk]

extirpar (vt)	shkul	[ʃkul]
talar (vt)	pres	[prɛs]
deforestar (vt)	shpyllëzoj	[ʃpyɫəzój]
tocón (m)	cung (m)	[tsúŋ]

hoguera (f)	zjarr kampingu (m)	[zjar kampíŋu]
incendio (m)	zjarr në pyll (m)	[zjar nə pyɫ]
apagar (~ el incendio)	shuaj	[ʃúaj]

guarda (m) forestal	roje pyjore (f)	[rójɛ pyjórɛ]
protección (f)	mbrojtje (f)	[mbrójtjɛ]
proteger (vt)	mbroj	[mbrój]
cazador (m) furtivo	gjahtar i jashtëligjshëm (m)	[ɟahtár i jaʃtəlíɟʃəm]
cepo (m)	grackë (f)	[grátskə]

recoger (setas, bayas)	mbledh	[mbléð]
perderse (vr)	humb rrugën	[húmb rúgən]

84. Los recursos naturales

recursos (m pl) naturales	burime natyrore (pl)	[burímɛ natyrórɛ]
minerales (m pl)	minerale (pl)	[minɛrálɛ]
depósitos (m pl)	depozita (pl)	[dɛpozíta]
yacimiento (m)	fushë (f)	[fúʃə]

extraer (vt)	nxjerr	[ndzjér]
extracción (f)	nxjerrje mineralesh (f)	[ndzjérjɛ minɛrálɛʃ]
mineral (m)	xehe (f)	[dzéhɛ]
mina (f)	minierë (f)	[miniérə]
pozo (m) de mina	nivel (m)	[nivél]
minero (m)	minator (m)	[minatór]

gas (m)	**gaz** (m)	[gaz]
gasoducto (m)	**gazsjellës** (m)	[gazsjéłəs]

petróleo (m)	**naftë** (f)	[náftə]
oleoducto (m)	**naftësjellës** (f)	[naftəsjéłəs]
torre (f) petrolera	**pus nafte** (m)	[pus náftɛ]
torre (f) de sondeo	**burim nafte** (m)	[burím náftɛ]
petrolero (m)	**anije-cisternë** (f)	[aníjɛ-tsistérnə]

arena (f)	**rërë** (f)	[rérə]
caliza (f)	**gur gëlqeror** (m)	[gur gəlcɛrór]
grava (f)	**zhavorr** (m)	[ʒavór]
turba (f)	**torfë** (f)	[tórfə]
arcilla (f)	**argjilë** (f)	[arɟílə]
carbón (m)	**qymyr** (m)	[cymýr]

hierro (m)	**hekur** (m)	[hékur]
oro (m)	**ar** (m)	[ár]
plata (f)	**argjend** (m)	[arɟénd]
níquel (m)	**nikel** (m)	[nikél]
cobre (m)	**bakër** (m)	[bákər]

zinc (m)	**zink** (m)	[zink]
manganeso (m)	**mangan** (m)	[maŋán]
mercurio (m)	**merkur** (m)	[mɛrkúr]
plomo (m)	**plumb** (m)	[plúmb]

mineral (m)	**mineral** (m)	[minɛrál]
cristal (m)	**kristal** (m)	[kristál]
mármol (m)	**mermer** (m)	[mɛrmér]
uranio (m)	**uranium** (m)	[uraniúm]

85. El tiempo

tiempo (m)	**moti** (m)	[móti]
previsión (m) del tiempo	**parashikimi i motit** (m)	[paraʃikími i mótit]
temperatura (f)	**temperaturë** (f)	[tɛmpɛratúrə]
termómetro (m)	**termometër** (m)	[tɛrmométər]
barómetro (m)	**barometër** (m)	[barométər]

húmedo (adj)	**i lagësht**	[i lágəʃt]
humedad (f)	**lagështi** (f)	[lagəʃtí]

bochorno (m)	**vapë** (f)	[vápə]
tórrido (adj)	**shumë nxehtë**	[ʃúmə ndzéhtə]
hace mucho calor	**është nxehtë**	[éʃtə ndzéhtə]

hace calor (templado)	**është ngrohtë**	[éʃtə ŋróhtə]
templado (adj)	**ngrohtë**	[ŋróhtə]

hace frío	**bën ftohtë**	[bən ftóhtə]
frío (adj)	**i ftohtë**	[i ftóhtə]
sol (m)	**diell** (m)	[díɛł]
brillar (vi)	**ndriçon**	[ndritʃón]

soleado (un día ~)	me diell	[mɛ díɛɬ]
elevarse (el sol)	agon	[agón]
ponerse (vr)	perëndon	[pɛrəndón]

nube (f)	re (f)	[rɛ]
nuboso (adj)	vranët	[vránət]
nubarrón (m)	re shiu (f)	[rɛ ʃíu]
nublado (adj)	vranët	[vránət]

lluvia (f)	shi (m)	[ʃi]
está lloviendo	bie shi	[bíɛ ʃi]
lluvioso (adj)	me shi	[mɛ ʃi]
lloviznar (vi)	shi i imët	[ʃi i ímət]

aguacero (m)	shi litar (m)	[ʃi litár]
chaparrón (m)	stuhi shiu (f)	[stuhí ʃíu]
fuerte (la lluvia ~)	i fortë	[i fórtə]
charco (m)	brakë (f)	[brákə]
mojarse (vr)	lagem	[lágɛm]

niebla (f)	mjegull (f)	[mjéguɬ]
nebuloso (adj)	e mjegullt	[ɛ mjéguɬt]
nieve (f)	borë (f)	[bórə]
está nevando	bie borë	[bíɛ bórə]

86. Los eventos climáticos severos. Los desastres naturales

tormenta (f)	stuhi (f)	[stuhí]
relámpago (m)	vetëtimë (f)	[vɛtətímə]
relampaguear (vi)	vetëton	[vɛtətón]

trueno (m)	bubullimë (f)	[bubuɬímə]
tronar (vi)	bubullon	[bubuɬón]
está tronando	bubullon	[bubuɬón]

| granizo (m) | breshër (m) | [bréʃər] |
| está granizando | po bie breshër | [po biɛ bréʃər] |

| inundar (vt) | përmbytet | [pərmbýtɛt] |
| inundación (f) | përmbytje (f) | [pərmbýtjɛ] |

terremoto (m)	tërmet (m)	[tərmét]
sacudida (f)	lëkundje (f)	[ləkúndjɛ]
epicentro (m)	epiqendër (f)	[ɛpicéndər]

| erupción (f) | shpërthim (m) | [ʃpərθím] |
| lava (f) | llavë (f) | [ɬávə] |

torbellino (m)	vorbull (f)	[vórbuɬ]
tornado (m)	tornado (f)	[tornádo]
tifón (m)	tajfun (m)	[tajfún]

| huracán (m) | uragan (m) | [uragán] |
| tempestad (f) | stuhi (f) | [stuhí] |

tsunami (m)	cunam (m)	[tsunám]
ciclón (m)	ciklon (m)	[tsiklón]
mal tiempo (m)	mot i keq (m)	[mot i kɛc]
incendio (m)	zjarr (m)	[zjar]
catástrofe (f)	fatkeqësi (f)	[fatkɛcəsí]
meteorito (m)	meteor (m)	[mɛtɛór]
avalancha (f)	ortek (m)	[orték]
alud (m) de nieve	rrëshqitje bore (f)	[rəʃcítjɛ bórɛ]
ventisca (f)	stuhi bore (f)	[stuhí bórɛ]
nevasca (f)	stuhi bore (f)	[stuhí bórɛ]

LA FAUNA

87. Los mamíferos. Los predadores

carnívoro (m)	grabitqar (m)	[grabitcár]
tigre (m)	tigër (m)	[tígər]
león (m)	luan (m)	[luán]
lobo (m)	ujk (m)	[ujk]
zorro (m)	dhelpër (f)	[ðélpər]
jaguar (m)	jaguar (m)	[jaguár]
leopardo (m)	leopard (m)	[lɛopárd]
guepardo (m)	gepard (m)	[gɛpárd]
pantera (f)	panterë e zezë (f)	[pantérə ɛ zézə]
puma (f)	puma (f)	[púma]
leopardo (m) de las nieves	leopard i borës (m)	[lɛopárd i bórəs]
lince (m)	rrëqebull (m)	[rəcébuɫ]
coyote (m)	kojotë (f)	[kojótə]
chacal (m)	çakall (m)	[tʃakáɫ]
hiena (f)	hienë (f)	[hiénə]

88. Los animales salvajes

animal (m)	kafshë (f)	[káfʃə]
bestia (f)	bishë (f)	[bíʃə]
ardilla (f)	ketër (m)	[kétər]
erizo (m)	iriq (m)	[iríc]
liebre (f)	lepur i egër (m)	[lépur i égər]
conejo (m)	lepur (m)	[lépur]
tejón (m)	vjedull (f)	[vjéduɫ]
mapache (m)	rakun (m)	[rakún]
hámster (m)	hamster (m)	[hamstér]
marmota (f)	marmot (m)	[marmót]
topo (m)	urith (m)	[uríθ]
ratón (m)	mi (m)	[mi]
rata (f)	mi (m)	[mi]
murciélago (m)	lakuriq (m)	[lakuríc]
armiño (m)	herminë (f)	[hɛrmínə]
cebellina (f)	kunadhe (f)	[kunáðɛ]
marta (f)	shqarth (m)	[ʃcarθ]
comadreja (f)	nuselalë (f)	[nusɛlálə]
visón (m)	vizon (m)	[vizón]

castor (m)	**kastor** (m)	[kastór]
nutria (f)	**vidër** (f)	[vídər]
caballo (m)	**kali** (m)	[káli]
alce (m)	**dre brilopatë** (m)	[drɛ brilopátə]
ciervo (m)	**dre** (f)	[drɛ]
camello (m)	**deve** (f)	[dévɛ]
bisonte (m)	**bizon** (m)	[bizón]
uro (m)	**bizon evropian** (m)	[bizón ɛvropián]
búfalo (m)	**buall** (m)	[búaɫ]
cebra (f)	**zebër** (f)	[zébər]
antílope (m)	**antilopë** (f)	[antilópə]
corzo (m)	**dre** (f)	[drɛ]
gamo (m)	**dre ugar** (m)	[drɛ ugár]
gamuza (f)	**kamosh** (m)	[kamóʃ]
jabalí (m)	**derr i egër** (m)	[dér i égər]
ballena (f)	**balenë** (f)	[balénə]
foca (f)	**fokë** (f)	[fókə]
morsa (f)	**lopë deti** (f)	[lópə déti]
oso (m) marino	**fokë** (f)	[fókə]
delfín (m)	**delfin** (m)	[dɛlfín]
oso (m)	**ari** (m)	[arí]
oso (m) blanco	**ari polar** (m)	[arí polár]
panda (f)	**panda** (f)	[pánda]
mono (m)	**majmun** (m)	[majmún]
chimpancé (m)	**shimpanze** (f)	[ʃimpánzɛ]
orangután (m)	**orangutan** (m)	[oraŋután]
gorila (m)	**gorillë** (f)	[goríɫə]
macaco (m)	**majmun makao** (m)	[majmún makáo]
gibón (m)	**gibon** (m)	[gibón]
elefante (m)	**elefant** (m)	[ɛlɛfánt]
rinoceronte (m)	**rinoqeront** (m)	[rinocɛrónt]
jirafa (f)	**gjirafë** (f)	[ɟiráfə]
hipopótamo (m)	**hipopotam** (m)	[hipopotám]
canguro (m)	**kangur** (m)	[kaŋúr]
koala (f)	**koala** (f)	[koála]
mangosta (f)	**mangustë** (f)	[maŋústə]
chinchilla (f)	**çinçila** (f)	[tʃintʃíla]
mofeta (f)	**qelbës** (m)	[célbəs]
espín (m)	**ferrëgjatë** (m)	[fɛrəɟátə]

89. Los animales domésticos

gata (f)	**mace** (f)	[mátsɛ]
gato (m)	**maçok** (m)	[matʃók]
perro (m)	**qen** (m)	[cɛn]

caballo (m)	kali (m)	[káli]
garañón (m)	hamshor (m)	[hamʃór]
yegua (f)	pelë (f)	[pélə]

vaca (f)	lopë (f)	[lópə]
toro (m)	dem (m)	[dém]
buey (m)	ka (m)	[ka]

oveja (f)	dele (f)	[délɛ]
carnero (m)	dash (m)	[daʃ]
cabra (f)	dhi (f)	[ði]
cabrón (m)	cjap (m)	[tsjáp]

| asno (m) | gomar (m) | [gomáɾ] |
| mulo (m) | mushkë (f) | [múʃkə] |

cerdo (m)	derr (m)	[dɛr]
cerdito (m)	derrkuc (m)	[dɛrkúts]
conejo (m)	lepur (m)	[lépur]

| gallina (f) | pulë (f) | [púlə] |
| gallo (m) | gjel (m) | [ɟél] |

pato (m)	rosë (f)	[rósə]
ánade (m)	rosak (m)	[rosák]
ganso (m)	patë (f)	[pátə]

| pavo (m) | gjel deti i egër (m) | [ɟél déti i égər] |
| pava (f) | gjel deti (m) | [ɟél déti] |

animales (m pl) domésticos	kafshë shtëpiake (f)	[káfʃə ʃtəpiákɛ]
domesticado (adj)	i zbutur	[i zbútur]
domesticar (vt)	zbus	[zbus]
criar (vt)	rrit	[rit]

granja (f)	fermë (f)	[férmə]
aves (f pl) de corral	pulari (f)	[pularí]
ganado (m)	bagëti (f)	[bagətí]
rebaño (m)	kope (f)	[kopé]

caballeriza (f)	stallë (f)	[státə]
porqueriza (f)	stallë e derrave (f)	[státə ɛ déravɛ]
vaquería (f)	stallë e lopëve (f)	[státə ɛ lópəvɛ]
conejal (m)	kolibe lepujsh (f)	[kolíbɛ lépujʃ]
gallinero (m)	kotec (m)	[kotéts]

90. Los pájaros

pájaro (m)	zog (m)	[zog]
paloma (f)	pëllumb (m)	[pətúmb]
gorrión (m)	harabel (m)	[harabél]
paro (m)	xhixhimës (m)	[dʒidʒimés]
cotorra (f)	laraskë (f)	[laráskə]
cuervo (m)	korb (m)	[korb]

corneja (f)	**sorrë** (f)	[sórə]
chova (f)	**galë** (f)	[gálə]
grajo (m)	**sorrë** (f)	[sórə]
pato (m)	**rosë** (f)	[rósə]
ganso (m)	**patë** (f)	[pátə]
faisán (m)	**fazan** (m)	[fazán]
águila (f)	**shqiponjë** (f)	[ʃcipóɲə]
azor (m)	**gjeraqinë** (f)	[ɟɛracínə]
halcón (m)	**fajkua** (f)	[fajkúa]
buitre (m)	**hutë** (f)	[hútə]
cóndor (m)	**kondor** (m)	[kondór]
cisne (m)	**mjellmë** (f)	[mjéɫmə]
grulla (f)	**lejlek** (m)	[lɛjlék]
cigüeña (f)	**lejlek** (m)	[lɛjlék]
loro (m), papagayo (m)	**papagall** (m)	[papagáɫ]
colibrí (m)	**kolibri** (m)	[kolíbri]
pavo (m) real	**pallua** (m)	[paɫúa]
avestruz (m)	**struc** (m)	[struts]
garza (f)	**çafkë** (f)	[tʃáfkə]
flamenco (m)	**flamingo** (m)	[flamíɲo]
pelícano (m)	**pelikan** (m)	[pɛlikán]
ruiseñor (m)	**bilbil** (m)	[bilbíl]
golondrina (f)	**dallëndyshe** (f)	[daɫəndýʃɛ]
tordo (m)	**mëllenjë** (f)	[məténə]
zorzal (m)	**grifsha** (f)	[grífʃa]
mirlo (m)	**mëllenjë** (f)	[məténə]
vencejo (m)	**dallëndyshe** (f)	[daɫəndýʃɛ]
alondra (f)	**thëllëzë** (f)	[θəɫézə]
codorniz (f)	**trumcak** (m)	[trumtsák]
pico (m)	**qukapik** (m)	[cukapík]
cuco (m)	**kukuvajkë** (f)	[kukuvájkə]
lechuza (f)	**buf** (m)	[buf]
búho (m)	**buf mbretëror** (m)	[buf mbrɛtərór]
urogallo (m)	**fazan i pyllit** (m)	[fazán i pýtit]
gallo lira (m)	**fazan i zi** (m)	[fazán i zí]
perdiz (f)	**thëllëzë** (f)	[θəɫézə]
estornino (m)	**gargull** (m)	[gárguɫ]
canario (m)	**kanarinë** (f)	[kanarínə]
ortega (f)	**fazan mali** (m)	[fazán máli]
pinzón (m)	**trishtil** (m)	[triʃtíl]
camachuelo (m)	**trishtil dimri** (m)	[triʃtíl dímri]
gaviota (f)	**pulëbardhë** (f)	[puləbárðə]
albatros (m)	**albatros** (m)	[albatrós]
pingüino (m)	**penguin** (m)	[pɛŋuín]

91. Los peces. Los animales marinos

brema (f)	krapuliq (m)	[krapulíc]
carpa (f)	krap (m)	[krap]
perca (f)	perç (m)	[pɛrtʃ]
siluro (m)	mustak (m)	[musták]
lucio (m)	mlysh (m)	[mlýʃ]
salmón (m)	salmon (m)	[salmón]
esturión (m)	bli (m)	[blí]
arenque (m)	harengë (f)	[harénə]
salmón (m) del Atlántico	salmon Atlantiku (m)	[salmón atlantíku]
caballa (f)	skumbri (m)	[skúmbri]
lenguado (m)	shojzë (f)	[ʃójzə]
lucioperca (m)	troftë (f)	[tróftə]
bacalao (m)	merluc (m)	[mɛrlúts]
atún (m)	tunë (f)	[túnə]
trucha (f)	troftë (f)	[tróftə]
anguila (f)	ngjalë (f)	[ŋálə]
tembladera (f)	peshk elektrik (m)	[pɛʃk ɛlɛktrík]
morena (f)	ngjalë morel (f)	[ŋálə morél]
piraña (f)	piranja (f)	[piráɲa]
tiburón (m)	peshkaqen (m)	[pɛʃkacén]
delfín (m)	delfin (m)	[dɛlfín]
ballena (f)	balenë (f)	[balénə]
centolla (f)	gaforre (f)	[gafórɛ]
medusa (f)	kandil deti (m)	[kandíl déti]
pulpo (m)	oktapod (m)	[oktapód]
estrella (f) de mar	yll deti (m)	[yɫ déti]
erizo (m) de mar	iriq deti (m)	[iríc déti]
caballito (m) de mar	kalë deti (m)	[kálə déti]
ostra (f)	midhje (f)	[míðjɛ]
camarón (m)	karkalec (m)	[karkaléts]
bogavante (m)	karavidhe (f)	[karavíðɛ]
langosta (f)	karavidhe (f)	[karavíðɛ]

92. Los anfibios. Los reptiles

serpiente (f)	gjarpër (m)	[ɟárpər]
venenoso (adj)	helmues	[hɛlmúɛs]
víbora (f)	nepërka (f)	[nɛpérka]
cobra (f)	kobra (f)	[kóbra]
pitón (m)	piton (m)	[pitón]
boa (f)	boa (f)	[bóa]
culebra (f)	kular (m)	[kulár]

| serpiente (m) de cascabel | gjarpër me zile (m) | [ɟárpər mɛ zílɛ] |
| anaconda (f) | anakonda (f) | [anakónda] |

lagarto (f)	hardhucë (f)	[harðútsə]
iguana (f)	iguana (f)	[iguána]
varano (m)	varan (m)	[varán]
salamandra (f)	salamandër (f)	[salamándər]
camaleón (m)	kameleon (m)	[kamɛlɛón]
escorpión (m)	akrep (m)	[akrép]

tortuga (f)	breshkë (f)	[brέʃkə]
rana (f)	bretkosë (f)	[brɛtkósə]
sapo (m)	zhabë (f)	[ʒábə]
cocodrilo (m)	krokodil (m)	[krokodíl]

93. Los insectos

insecto (m)	insekt (m)	[insékt]
mariposa (f)	flutur (f)	[flútur]
hormiga (f)	milingonë (f)	[miliɲónə]
mosca (f)	mizë (f)	[mízə]
mosquito (m) (picadura de ~)	mushkonjë (f)	[muʃkóɲə]
escarabajo (m)	brumbull (m)	[brúmbuł]

avispa (f)	grerëz (f)	[grérəz]
abeja (f)	bletë (f)	[blétə]
abejorro (m)	greth (m)	[grɛθ]
moscardón (m)	zekth (m)	[zɛkθ]

| araña (f) | merimangë (f) | [mɛrimáŋə] |
| telaraña (f) | rrjetë merimange (f) | [rjétə mɛrimáŋɛ] |

libélula (f)	pilivesë (f)	[pilivésə]
saltamontes (m)	karkalec (m)	[karkaléts]
mariposa (f) nocturna	molë (f)	[mólə]

cucaracha (f)	kacabu (f)	[katsabú]
garrapata (f)	rriqër (m)	[ríсər]
pulga (f)	plesht (m)	[plɛʃt]
mosca (f) negra	mushicë (f)	[muʃítsə]

langosta (f)	gjinkallë (f)	[ɟinkáłə]
caracol (m)	kërmill (m)	[kərmíł]
grillo (m)	bulkth (m)	[búlkθ]
luciérnaga (f)	xixëllonjë (f)	[dzidzəłóɲə]
mariquita (f)	mollëkuqe (f)	[mołəkúcɛ]
escarabajo (m) sanjuanero	vizhë (f)	[víʒə]

sanguijuela (f)	shushunjë (f)	[ʃuʃúɲə]
oruga (f)	vemje (f)	[vémjɛ]
gusano (m)	krimb toke (m)	[krímb tókɛ]
larva (f)	larvë (f)	[lárvə]

LA FLORA

94. Los árboles

árbol (m)	pemë (f)	[pémǝ]
foliáceo (adj)	gjethor	[ɟɛθór]
conífero (adj)	halor	[halór]
de hoja perenne	përherë të gjelbra	[pǝrhérǝ tǝ ɟélbra]
manzano (m)	pemë molle (f)	[pémǝ mótɛ]
peral (m)	pemë dardhe (f)	[pémǝ dárðɛ]
cerezo (m)	pemë qershie (f)	[pémǝ cɛrʃíɛ]
guindo (m)	pemë qershi vishnje (f)	[pémǝ cɛrʃí víʃŋɛ]
ciruelo (m)	pemë kumbulle (f)	[pémǝ kúmbutɛ]
abedul (m)	mështekna (f)	[mǝʃtékna]
roble (m)	lis (m)	[lis]
tilo (m)	bli (m)	[blí]
pobo (m)	plep i egër (m)	[plɛp i égǝr]
arce (m)	panjë (f)	[páɲǝ]
picea (m)	bredh (m)	[brɛð]
pino (m)	pishë (f)	[píʃǝ]
alerce (m)	larsh (m)	[lárʃ]
abeto (m)	bredh i bardhë (m)	[brɛð i bárðǝ]
cedro (m)	kedër (m)	[kédǝr]
álamo (m)	plep (m)	[plɛp]
serbal (m)	vadhë (f)	[váðǝ]
sauce (m)	shelg (m)	[ʃɛlg]
aliso (m)	verr (m)	[vɛr]
haya (f)	ah (m)	[ah]
olmo (m)	elm (m)	[élm]
fresno (m)	shelg (m)	[ʃɛlg]
castaño (m)	gështenjë (f)	[gǝʃtéɲǝ]
magnolia (f)	manjolia (f)	[maɲólia]
palmera (f)	palma (f)	[pálma]
ciprés (m)	qiparis (m)	[ciparís]
mangle (m)	rizoforë (f)	[rizofórǝ]
baobab (m)	baobab (m)	[baobáb]
eucalipto (m)	eukalipt (m)	[ɛukalípt]
secoya (f)	sekuojë (f)	[sɛkuójǝ]

95. Los arbustos

mata (f)	shkurre (f)	[ʃkúrɛ]
arbusto (m)	kaçube (f)	[katʃúbɛ]

| vid (f) | hardhi (f) | [harðí] |
| viñedo (m) | vreshtë (f) | [vréʃtə] |

frambueso (m)	mjedër (f)	[mjédər]
grosella (f) negra	kaliboba e zezë (f)	[kalibóba ɛ zézə]
grosellero (f) rojo	kaliboba e kuqe (f)	[kalibóba ɛ kúcɛ]
grosellero (m) espinoso	shkurre kulumbrie (f)	[ʃkúrɛ kulumbríɛ]

acacia (f)	akacie (f)	[akátsiɛ]
berberís (m)	krespinë (f)	[krɛspínə]
jazmín (m)	jasemin (m)	[jasɛmín]

enebro (m)	dëllinjë (f)	[dətíɲə]
rosal (m)	trëndafil (m)	[trəndafíl]
escaramujo (m)	trëndafil i egër (m)	[trəndafíl i égər]

96. Las frutas. Las bayas

| fruto (m) | frut (m) | [frut] |
| frutos (m pl) | fruta (pl) | [frúta] |

manzana (f)	mollë (f)	[mótə]
pera (f)	dardhë (f)	[dárðə]
ciruela (f)	kumbull (f)	[kúmbut]

fresa (f)	luleshtrydhe (f)	[lulɛʃtrýðɛ]
guinda (f)	qershi vishnje (f)	[cɛrʃí víʃɲɛ]
cereza (f)	qershi (f)	[cɛrʃí]
uva (f)	rrush (m)	[ruʃ]

frambuesa (f)	mjedër (f)	[mjédər]
grosella (f) negra	kaliboba e zezë (f)	[kalibóba ɛ zézə]
grosella (f) roja	kaliboba e kuqe (f)	[kalibóba ɛ kúcɛ]
grosella (f) espinosa	kulumbri (f)	[kulumbrí]
arándano (m) agrio	boronica (f)	[boroníʦa]

naranja (f)	portokall (m)	[portokát]
mandarina (f)	mandarinë (f)	[mandarínə]
ananás (m)	ananas (m)	[ananás]
banana (f)	banane (f)	[banánɛ]
dátil (m)	hurmë (f)	[húrmə]

limón (m)	limon (m)	[limón]
albaricoque (m)	kajsi (f)	[kajsí]
melocotón (m)	pjeshkë (f)	[pjéʃkə]

| kiwi (m) | kivi (m) | [kívi] |
| pomelo (m) | grejpfrut (m) | [grɛjpfrút] |

baya (f)	manë (f)	[mánə]
bayas (f pl)	mana (f)	[mána]
arándano (m) rojo	boronicë mirtile (f)	[boroníʦə mirtílɛ]
fresa (f) silvestre	luleshtrydhe e egër (f)	[lulɛʃtrýðɛ ɛ égər]
arándano (m)	boronicë (f)	[boroníʦə]

97. Las flores. Las plantas

flor (f)	lule (f)	[lúlɛ]
ramo (m) de flores	buqetë (f)	[bucétə]
rosa (f)	trëndafil (m)	[trəndafíl]
tulipán (m)	tulipan (m)	[tulipán]
clavel (m)	karafil (m)	[karafíl]
gladiolo (m)	gladiolë (f)	[gladiólə]
aciano (m)	lule misri (f)	[lúlɛ mísri]
campanilla (f)	lule këmborë (f)	[lúlɛ kəmbórə]
diente (m) de león	luleradhiqe (f)	[lulɛraðícɛ]
manzanilla (f)	kamomil (m)	[kamomíl]
áloe (m)	aloe (f)	[alóɛ]
cacto (m)	kaktus (m)	[kaktús]
ficus (m)	fikus (m)	[fíkus]
azucena (f)	zambak (m)	[zambák]
geranio (m)	barbarozë (f)	[barbarózə]
jacinto (m)	zymbyl (m)	[zymbýl]
mimosa (f)	mimoza (f)	[mimóza]
narciso (m)	narcis (m)	[nartsís]
capuchina (f)	lule këmbore (f)	[lúlɛ kəmbórɛ]
orquídea (f)	orkide (f)	[orkidé]
peonía (f)	bozhure (f)	[boʒúrɛ]
violeta (f)	vjollcë (f)	[vjóɫtsə]
trinitaria (f)	lule vjollca (f)	[lúlɛ vjóɫtsa]
nomeolvides (f)	mosmëharro (f)	[mosməharó]
margarita (f)	margaritë (f)	[margarítə]
amapola (f)	lulëkuqe (f)	[luləkúcɛ]
cáñamo (m)	kërp (m)	[kérp]
menta (f)	mendër (f)	[méndər]
muguete (m)	zambak i fushës (m)	[zambák i fúʃəs]
campanilla (f) de las nieves	luleborë (f)	[lulɛbórə]
ortiga (f)	hithra (f)	[híθra]
acedera (f)	lëpjeta (f)	[ləpjéta]
nenúfar (m)	zambak uji (m)	[zambák úji]
helecho (m)	fier (m)	[fíɛr]
liquen (m)	likene (f)	[likénɛ]
invernadero (m) tropical	serrë (f)	[sérə]
césped (m)	lëndinë (f)	[ləndínə]
macizo (m) de flores	kënd lulishteje (m)	[kənd lulíʃtɛjɛ]
planta (f)	bimë (f)	[bímə]
hierba (f)	bar (m)	[bar]
hoja (f) de hierba	fije bari (f)	[fíjɛ bári]

hoja (f)	gjeth (m)	[ɟɛθ]
pétalo (m)	petale (f)	[pɛtálɛ]
tallo (m)	bisht (m)	[biʃt]
tubérculo (m)	zhardhok (m)	[ʒarðók]
retoño (m)	filiz (m)	[filíz]
espina (f)	gjemb (m)	[ɟémb]
florecer (vi)	lulëzoj	[luləzój]
marchitarse (vr)	vyshket	[výʃkɛt]
olor (m)	aromë (f)	[arómə]
cortar (vt)	pres lulet	[pɾɛs lúlɛt]
coger (una flor)	mbledh lule	[mbléð lúlɛ]

98. Los cereales, los granos

grano (m)	drithë (m)	[dríθə]
cereales (m pl) (plantas)	drithëra (pl)	[dríθəra]
espiga (f)	kaush (m)	[kaúʃ]
trigo (m)	grurë (f)	[gɾúrə]
centeno (m)	thekër (f)	[θékər]
avena (f)	tërshërë (f)	[tərʃérə]
mijo (m)	mel (m)	[mɛl]
cebada (f)	elb (m)	[ɛlb]
maíz (m)	misër (m)	[mísər]
arroz (m)	oriz (m)	[oríz]
alforfón (m)	hikërr (m)	[híkər]
guisante (m)	bizele (f)	[bizélɛ]
fréjol (m)	groshë (f)	[gróʃə]
soya (f)	sojë (f)	[sójə]
lenteja (f)	thjerrëz (f)	[θjérəz]
habas (f pl)	fasule (f)	[fasúlɛ]

LOS PAÍSES

99. Los países. Unidad 1

Afganistán (m)	Afganistan (m)	[afganistán]
Albania (f)	Shqipëri (f)	[ʃcipərí]
Alemania (f)	Gjermani (f)	[ɟɛrmaní]
Arabia (f) Saudita	Arabia Saudite (f)	[arabía saudítɛ]
Argentina (f)	Argjentinë (f)	[arɟɛntínə]
Armenia (f)	Armeni (f)	[armɛní]
Australia (f)	Australia (f)	[australía]
Austria (f)	Austri (f)	[austrí]
Azerbaidzhán (m)	Azerbajxhan (m)	[azɛrbajdʒán]
Bangladesh (m)	Bangladesh (m)	[baŋladéʃ]
Bélgica (f)	Belgjikë (f)	[bɛʎíkə]
Bielorrusia (f)	Bjellorusi (f)	[bjɛɫorusí]
Bolivia (f)	Bolivi (f)	[boliví]
Bosnia y Herzegovina	Bosnje Herzegovina (f)	[bósɲɛ hɛrzɛgovína]
Brasil (f)	Brazil (m)	[brazíl]
Bulgaria (f)	Bullgari (f)	[buɫgarí]
Camboya (f)	Kamboxhia (f)	[kambódʒia]
Canadá (f)	Kanada (f)	[kanadá]
Chequia (f)	Republika Çeke (f)	[rɛpublíka tʃékɛ]
Chile (m)	Kili (m)	[kíli]
China (f)	Kinë (f)	[kínə]
Chipre (m)	Qipro (f)	[cípro]
Colombia (f)	Kolumbi (f)	[kolumbí]
Corea (f) del Norte	Korea e Veriut (f)	[koréa ɛ vériut]
Corea (f) del Sur	Korea e Jugut (f)	[koréa ɛ júgut]
Croacia (f)	Kroaci (f)	[kroatsí]
Cuba (f)	Kuba (f)	[kúba]
Dinamarca (f)	Danimarkë (f)	[danimárkə]
Ecuador (m)	Ekuador (m)	[ɛkuadór]
Egipto (m)	Egjipt (m)	[ɛɟípt]
Emiratos (m pl) Árabes Unidos	Emiratet e Bashkuara Arabe (pl)	[ɛmirátɛt ɛ baʃkúara arábɛ]
Escocia (f)	Skoci (f)	[skotsí]
Eslovaquia (f)	Sllovaki (f)	[sɫovakí]
Eslovenia	Sllovenia (f)	[sɫovɛnía]
España (f)	Spanjë (f)	[spáɲə]
Estados Unidos de América (m pl)	Shtetet e Bashkuara të Amerikës	[ʃtétɛt ɛ baʃkúara tə amɛríkəs]
Estonia (f)	Estoni (f)	[ɛstoní]
Finlandia (f)	Finlandë (f)	[finlándə]
Francia (f)	Francë (f)	[frántsə]

100. Los países. Unidad 2

Georgia (f)	Gjeorgji (f)	[ɟeoɲí]
Ghana (f)	Gana (f)	[gána]
Gran Bretaña (f)	Britani e Madhe (f)	[brítani ɛ máðɛ]
Grecia (f)	Greqi (f)	[grɛcí]
Haití (m)	Haiti (m)	[haíti]
Hungría (f)	Hungari (f)	[huɲarí]

India (f)	Indi (f)	[indí]
Indonesia (f)	Indonezi (f)	[indonɛzí]
Inglaterra (f)	Angli (f)	[aŋlí]
Irak (m)	Irak (m)	[irak]
Irán (m)	Iran (m)	[irán]
Irlanda (f)	Irlandë (f)	[irlándə]
Islandia (f)	Islandë (f)	[islándə]
Islas (f pl) Bahamas	Bahamas (m)	[bahámas]
Israel (m)	Izrael (m)	[izraél]
Italia (f)	Itali (f)	[italí]

Jamaica (f)	Xhamajka (f)	[dʒamájka]
Japón (m)	Japoni (f)	[japoní]
Jordania (f)	Jordani (f)	[jordaní]

Kazajstán (m)	Kazakistan (m)	[kazakistán]
Kenia (f)	Kenia (f)	[kénia]
Kirguizistán (m)	Kirgistan (m)	[kirgistán]
Kuwait (m)	Kuvajt (m)	[kuvájt]

Laos (m)	Laos (m)	[láos]
Letonia (f)	Letoni (f)	[lɛtoní]
Líbano (m)	Liban (m)	[libán]
Libia (f)	Libia (f)	[libía]
Liechtenstein (m)	Lichtenstein (m)	[litshtɛnstéin]
Lituania (f)	Lituani (f)	[lituaní]
Luxemburgo (m)	Luksemburg (m)	[luksɛmbúrg]

Macedonia	Maqedonia (f)	[macɛdonía]
Madagascar (m)	Madagaskar (m)	[madagaskár]
Malasia (f)	Malajzi (f)	[malajzí]
Malta (f)	Maltë (f)	[máltə]
Marruecos (m)	Marok (m)	[marók]
Méjico (m)	Meksikë (f)	[mɛksíkə]
Moldavia (f)	Moldavi (f)	[moldaví]
Mónaco (m)	Monako (f)	[monáko]
Mongolia (f)	Mongoli (f)	[moɲolí]
Montenegro (m)	Mali i Zi (m)	[máli i zí]
Myanmar (m)	Mianmar (m)	[mianmár]

101. Los países. Unidad 3

Namibia (f)	Namibia (f)	[namíbia]
Nepal (m)	Nepal (m)	[nɛpál]

Noruega (f)	**Norvegji** (f)	[norvɛɟí]
Nueva Zelanda (f)	**Zelandë e Re** (f)	[zɛlándə ɛ ré]
Países Bajos (m pl)	**Holandë** (f)	[holándə]
Pakistán (m)	**Pakistan** (m)	[pakistán]
Palestina (f)	**Palestinë** (f)	[palɛstínə]
Panamá (f)	**Panama** (f)	[panamá]
Paraguay (m)	**Paraguai** (m)	[paraguái]
Perú (m)	**Peru** (f)	[pɛrú]
Polinesia (f) Francesa	**Polinezia Franceze** (f)	[polinɛzía frantsézɛ]
Polonia (f)	**Poloni** (f)	[poloní]
Portugal (f)	**Portugali** (f)	[portugalí]
República (f) Dominicana	**Republika Dominikane** (f)	[rɛpublíka dominikánɛ]
República (f) Sudafricana	**Afrika e Jugut** (f)	[afríka ɛ júgut]
Rumania (f)	**Rumani** (f)	[rumaní]
Rusia (f)	**Rusi** (f)	[rusí]
Senegal	**Senegal** (m)	[sɛnɛgál]
Serbia (f)	**Serbi** (f)	[sɛrbí]
Siria (f)	**Siri** (f)	[sirí]
Suecia (f)	**Suedi** (f)	[suɛdí]
Suiza (f)	**Zvicër** (f)	[zvítsər]
Surinam (m)	**Surinam** (m)	[surinám]
Tayikistán (m)	**Taxhikistan** (m)	[tadʒikistán]
Tailandia (f)	**Tajlandë** (f)	[tajlándə]
Taiwán (m)	**Tajvan** (m)	[tajván]
Tanzania (f)	**Tanzani** (f)	[tanzaní]
Tasmania (f)	**Tasmani** (f)	[tasmaní]
Túnez (m)	**Tunizi** (f)	[tunizí]
Turkmenia (f)	**Turkmenistan** (m)	[turkmɛnistán]
Turquía (f)	**Turqi** (f)	[turcí]
Ucrania (f)	**Ukrainë** (f)	[ukraínə]
Uruguay (m)	**Uruguai** (m)	[uruguái]
Uzbekistán (m)	**Uzbekistan** (m)	[uzbɛkistán]
Vaticano (m)	**Vatikan** (m)	[vatikán]
Venezuela (f)	**Venezuelë** (f)	[vɛnɛzuélə]
Vietnam (m)	**Vietnam** (m)	[viɛtnám]
Zanzíbar (m)	**Zanzibar** (m)	[zanzibár]

T&P BOOKS

ALBANÉS
VOCABULARIO

PALABRAS MÁS USADAS

ESPAÑOL-
ALBANÉS

Las palabras más útiles
Para expandir su vocabulario y refinar
sus habilidades lingüísticas

3000 palabras

Vocabulario Español-Albanés - 3000 palabras más usadas
por Andrey Taranov

Los vocabularios de T&P Books buscan ayudar en el aprendizaje, la memorización y la revisión de palabras de idiomas extranjeros. El diccionario se divide por temas, cubriendo toda la esfera de las actividades cotidianas, de negocios, ciencias, cultura, etc.

El proceso de aprendizaje de palabras utilizando los diccionarios temáticos de T&P Books le proporcionará a usted las siguientes ventajas:

- La información del idioma secundario está organizada claramente y predetermina el éxito para las etapas subsiguientes en la memorización de palabras.
- Las palabras derivadas de la misma raíz se agrupan, lo cual permite la memorización de grupos de palabras en vez de palabras aisladas.
- Las unidades pequeñas de palabras facilitan el proceso de reconocimiento de enlaces de asociación que se necesitan para la cohesión del vocabulario.
- De este modo, se puede estimar el número de palabras aprendidas y así también el nivel de conocimiento del idioma.

T&P Books Publishing
www.tpbooks.com

ISBN: 978-1-78767-027-3

Este libro está disponible en formato electrónico o de E-Book también.
Visite www.tpbooks.com o las librerías electrónicas más destacadas en la Red.